Expressions
françaises
à gogo

Anneli Taimio
Taru Tarvainen

# Expressions françaises à gogo

## RANSKALAISIA ILMAUKSIA MIELIN MÄÄRIN

Méli-mélo & pêle-mêle

Teos on saanut tukea Suomen tietokirjailijat ry:ltä
© 2024 Anneli Taimio; Taru Tarvainen

Kustantaja: BoD · Books on Demand GmbH, Helsinki, Suomi
Kirjapaino: Libri Plureos GmbH, Hampuri, Saksa
ISBN: 978-952-80-8310-8

Graafinen suunnittelu ja taitto: Taru Tarvainen

# Sisällys

# Lukijalle

Kaikki eivät lue kirjojen johdantotekstejä, ja tästä onkin aivan luvallista hypätä yli. Myös seuraavan aukeaman ääntämisasiat ovat tuttuja edellisten kirjojemme lukijoille.

*Ranskaa rönsyillen – français tous azimuts* oli ensimmäinen yhdessä tekemämme kirja, ja sekin sisälsi runsaasti erilaisia ilmauksia. Tässä uusimmassa kirjassa pyrimme välttämään liiallista toistoa, vaikka se usein onkin paras tapa oppia ja painaa asiat pysyvästi mieleen.

*Camembert & croissant – ranskan ääntäminen A:sta Z:aan* oli yrityksemme esittää ranskan ääntämissäännöt mahdollisimman yksinkertaisesti. Tässäkin kirjassa on mukana ääntämisohjeita kohdissa, joihin Taru keskitason ranskan opiskelijana on niitä toivonut. Ranskan ääntäminen toki on yleensä varsin säännönmukaista ja loogista niille, jotka ovat ääntämissäännöt hyvin oppineet.

Tämä kirja, *Expressions françaises à gogo – méli-mélo & pêle-mêle*, ei ole kattava hakuteos, vaan olemme valinneet mukaan mielestämme kivoja ja hyödyllisiä ilmauksia.

Kiitokset oikoluvusta ja kommenteista saavat Eila Hellas & Jaakko Laaksonen!

*hyvät selitykset useimpiin kirjan ilmauksiin: **expressio.fr***

à gogo [agogo] = mielin määrin, runsaasti

← *tulee muinaisranskan gogue-sanasta, jonka merkitys oli riemu, ilo, juhlat*

un méli-mélo [melimelo] = sekasotku

pêle-mêle [pɛlmɛl] = sikin sokin, sekaisin, mullin mallin

↖ *sekä méli-mélo että pêle-mêle tulevat mêler (sekoittaa)-verbistä*

# Avuliaat hakasulut

"Ranskan ääntämistä ei kannata pelätä", vakuuttelimme ääntämiseen keskittyvässä kirjassamme *Camembert & croissant*. Ääntämisen, kuten kaiken muunkin, oppii vain harjoittelemalla, mutta oivana apuna ovat foneettisin merkein annetut ääntämisohjeet. Ajatuksellisesti yhteen kuuluvat sanat äännetään yhteen pötköön, joten välillä ääntämisohjeet käyvät myös kivasta aivojumpasta.

Tässä kirjassa selitämme foneettiset merkit vain lyhyesti. Alla olevasta ranskan vokaalien määrästä ei kannata ottaa stressiä, sillä kaikki ranskalaisetkaan eivät tee eroa suppeiden ja avoimien vokaalien välillä. Suomalaisillakin vokaaleilla pärjää, kunhan unohtaa ä:n (sillä sitä äännettä ei ranskassa ole) ja opettelee kolme nasaalivokaalia.

## VOKAALIT

[a] = etisempi kuin suomen a

[ɑ] = takainen a, lähellä suomen a:ta, harvinaisempi

[e] = suppeampi ja etisempi kuin suomen e

[ɛ] = avoimempi kuin suomen e, suomen e:n ja ä:n väliltä

[i] = suppeampi ja etisempi kuin suomen i

[o] = pyöreämpi ja suppeampi kuin suomen o, lähempänä suomen u:ta

[ɔ] = avoimempi kuin suomen o, a-voittoinen

[u] = pyöreämpi ja suppeampi kuin suomen u

[y] = pyöreämpi ja suppeampi kuin suomen y

[ø] = hieman pyöreämpi ja suppeampi kuin suomen ö

[œ] = avoimempi kuin suomen ö

[ə] = ns. neutraalivokaali (švaa), usein hyvin lyhyt, voi jäädä pois nopeassa puheessa

*e [ə], joka voidaan jättää myös ääntämättä, ilmaistaan yleensä suluissa:*
*au revoir [oʀ(ə)vwaʀ] = näkemiin*

# NASAALIVOKAALIT

*ilma poistuu sekä suun että nenän kautta ja resonoi nenäonteloissa*

[ã] = takainen nasaalivokaali
[ɛ̃] = etinen nasaalivokaali
[ɔ̃] = takainen nasaalivokaali

# PUOLIVOKAALIT

*seuraavan vokaalin kanssa yhtenä tavuna äännettävät, hyvin lyhyet*

[w] = konsonanttinen u, pyöristynyt, mutta suppeampi kuin u
[ɥ] = konsonanttinen y

# KONSONANTIT

[b] = hyvin soinnillinen
[d] = hyvin soinnillinen, terävämpi kuin suomen d
[f]
[g] = hyvin soinnillinen
[j]
[dʒ] = englannista lainatuissa sanoissa
[k] = etisempi kuin suomen k
[l] = heleä l, etisempi ja terävämpi kuin suomen l
[m]
[n]
[ɲ] = melkein kuin nj, muttei niin etinen
[ŋ] = äng-äänne, vain lainasanoissa
[p]
[R] = takainen r
[s] = terävämpi kuin suomen s
[ʃ] = soinniton suhu-s
[ʒ] = soinnillinen suhu-s
[t] = terävämpi kuin suomen t
[v] = voimakas v
[z] = soinnillinen s

# Quand le vin est tiré, il faut le boire.

**Quand le vin est tiré, il faut le boire.**

"Ken leikkiin ryhtyy, se leikin kestäköön", sanoo suomalainen,
mutta ranskaksi ei leikitä vaan juodaan viiniä. *Ks. s. 14.*

# Du pain et du vin

Mikäli ääntämisohjeet sekoittavat tai häiritsevät, niihin voi laittaa vaikka sormen päälle. ☺

[dypε̃edyvε̃] = *Leipää ja viiniä*

Ovatko ranskalaiset ilmaisut sinulle täyttä hepreaa?
## C'est de l'hébreu [sεd(ə)lebʀø].

Tai kiinaa?
## C'est du chinois [sεdyʃinwa].

Tai peräti irokeesia?
## C'est de l'iroquois [sεd(ə)liʀɔkwa].

*Irokeesi ei tässä tarkoita hiustyyliä, vaan Pohjois-Amerikan alkuperäiskansojen kieltä.*

Ei kuitenkaan pidä heittää kirvestään kaivoon tai järveen eli luovuttaa ja hukata mahdollisuuttaan oppia tätä kaunista kieltä.
## Il ne faut pas jeter le manche
## après la cognée [ilnəfopaʒətel(ə)mɑ̃ʃapʀεlakɔɲe].

Ranskaksi kirvestä ei heitetä kaivoon, vaan varsi heitetään pois siitä irronneen kirveenterän jälkeen.

un manche [mɑ̃ʃ] = varsi
une manche = hiha
la Manche = Englannin kanaali

une cognée [kɔɲe] = kirves
une hache [aʃ] = kirves

*une cognée = kaatokirves (esim. puunkaatoon), une hache = kirves yleismerkityksessä*

*Faire la manche [fεʀlamɑ̃ʃ] on arkikielinen ilmaus kerjäämiselle (mendier [mɑ̃dje] = kerjätä).*

*C'est une autre paire de manches. [sε(t)ynotʀəpεʀdəmɑ̃ʃ] = Se on aivan toinen juttu.*

Tässä kirjassa asiat selitetään selkeästi eli ranskalaisittain laitetaan pisteet i:n päälle ja t:n viivat paikalleen.

**Mettre les points sur les i** [mɛtʀ(ə)lepwɛ̃syʀlezi]
**et les barres sur les t** [elebaʀsyʀlete].

*Un point, c'est tout ! [ɛ̃pwɛ̃setu] =*
*Sillä siisti! / Ja sillä hyvä!*

Meillä on tässä kädet täynnä työtä.

**Avoir du pain sur la planche** [avwaʀdypɛ̃syʀlaplɑ̃ʃ].

> Ranskaksi on leipää laudalla, kun on iso homma tekeillä.
> une planche à pain [plɑ̃ʃapɛ̃] = leipälauta
> une planche à découper [plɑ̃ʃadekupe] = leikkuulauta
> une planche à voile [plɑ̃ʃavwal] = purjelauta

Mutta emme tingi vaatimuksistamme.

**Mettre de l'eau dans son vin** [mɛtʀəd(ə)lodɑ̃sɔ̃vɛ̃].

> Ranskassa laitetaan vettä viiniin, kun tingitään vaatimuksista tai tyydytään vähempään.
> Sanonta voi tarkoittaa myös "lisätä viiniin vettä".
> Aikoinaan jopa lapsille tarjottiin viiniä, tosin vedellä laimennettuna eli "leikattua" viiniä:
> le vin coupé (d'eau) = vedellä laimennettu viini

Emmekä toimi häikäilemättömästi tai käytä kovia otteita.

## Ne pas y aller avec le dos de la cuillère

[nəpɑ(z)ialeavɛklədod(ə)lakɥijɛʀ].

> Ranskaksi ei ryhdytä toimeen lusikan kuperalla puolella,
> kun toimitaan tarmokkaasti tai häikäilemättömästi.
>
> un dos [do] = selkä, selkäpuoli
> une cuillère à café [kɥijɛʀakafe] = teelusikka
> une cuillère à soupe [kɥijɛʀasup] = ruokalusikka

Voimme kuitenkin joskus tehdä kärpäsestä härkäsen.

## En faire tout un fromage [ãfɛʀtutɛ̃fʀɔmaʒ].

> Ranskassa ei tehdä kärpäsistä härkäsiä, kun jostakin asiasta
> tehdään suuri numero, vaan ammattitaidolla saadaan yksin-
> kertaisesta asiasta (maidosta) aikaan hienostunutkin juusto.

Toivottavasti emme puhu puuta heinää.

## Raconter des salades [ʀakɔ̃tedesalad].

> Ranskassa ei puhuta puuta heinää vaan kerrotaan salaatteja.

*parler à bâtons rompus*
*[paʀleabatɔ̃ʀɔ̃py]*
*= puhua niitä näitä*

*Ilmaisu tulee luultavasti armeijasta, jossa rummuttaminen "à bâtons rompus" tarkoitti kahta peräkkäistä lyöntiä kummallakin rumpukapulalla tuottamatta jatkuvaa pärinää.*

Pankaamme siis asiat järjestykseen.

## Remettre les pendules à l'heure [ʀ(ə)mɛtʀlepãdylalœʀ].

> Kun asioita säädetään yhdessä, niin tavallaan synkronoidaan kellot.
>
> une pendule [pãdyl] = heiluri; seinäkello, pöytäkello

Kunnes olemme käyttäneet raha- ja voimavaramme loppuun eli ranskalaisittain saavuttaneet rullan pään.

## Être au bout du rouleau [ɛtʀobudyʀulo].

> un rouleau [ʀulo] = rulla; tela
>
> Tässä ei ole kyse vessapaperirullasta, vaikka senkin loppuminen kriittisellä hetkellä aiheuttaa tietysti pienen pulman. Sanonta juontaa juurensa teatterimaailmaan.
>
> 1300-luvulla, kun kirjoja nykymuodossaan ei vielä ollut, teatterissa näyttelijöiden vuorosanat kirjoitettiin paperiarkeille, jotka liimattiin peräkkäin ja rullattiin kapulan ympärille. Tätä paperikääröä kutsuttiin nimellä rôle. Jos näyttelijällä oli vain vähän tekstiä, sitä kutsuttiin nimellä rôlet, josta 1600-luvulla syntyi sanonta « Être au bout de son rôlet ». 1900-luvulla rôlet muuttui muotoon rouleau ja sanonta siirtyi uuteen merkitykseen, koska silloin oli jo olemassa paperiin käärittyjä kolikkorullia.

Ken leikkiin ryhtyy, se leikin kestäköön!

## Quand le vin est tiré, il faut le boire !

[kãləvẽɛtiʀeilfol(ə)bwaʀ]

> Kun viini on laskettu (tynnyristä), se pitää juoda.
>
> tirer [tiʀe] = vetää
> tirer le vin d'un tonneau [tiʀel(ə)vẽdẽtɔno]
> = laskea viiniä tynnyristä

14

# La fortune favorise les audacieux.

**La fortune favorise les audacieux.**

Onni suosii rohkeaa.

**audacieux** [odasjø], **audacieuse** [odasjøz]
= rohkea, yltiöpäinen; julkea, röyhkeä, hävytön

# "En voiture, Simone !"

En voiture, Simone ! [ãvwatyʀsimɔn]

Allons-y ! [alɔ̃zi]
En route ! [ãʀut]
Partons ! [paʀtɔ̃]

= Antaa palaa! Lähdetään liikkeelle!

**Simone Louise de Pinet de Borde des Forest** on ensimmäisiä ajokortin suorittaneita ranskalaisia naisia. Hän sai sen 19-vuotiaana vuonna 1929. Jo seuraavana vuonna hän osallistui autokilpailuihin ja ralleihin. Toisen maailmansodan aikana hän ajoi Punaisen Ristin kuorma-autoa. Hän on myös ensimmäinen autokoulun perustanut nainen.

TV-juontaja Guy Lux [gilyks] viittasi kuuluisaan Simoneen vuonna 1962 Intervilles-ohjelmassa, jossa hän kehotti juontaja-kumppaniaan, Simone Garnier'ta, ryhtymään toimeen sanomalla « En voiture Simone ! » Se oli lyhenne virkkeestä « En voiture Simone, c'est moi qui conduis, c'est toi qui klaxonnes ! » "Autoon, Simone, minä ajan, sinä tööttäät!"

# Promis, juré, craché !

[promi ʒyre kraʃe] = *Lupaan ja vannon, kautta kiven ja kannon (s. 19)*

Saimme loppuvuodesta 2022 yllättävän tiedustelun kirjamme ilmestymisaikataulusta. Innokas lukija kaipasi trikolorisarjan puuttuvaa osaa:

> *Kirjahyllyssäni on ammottava tyhjyys, joka huutaa valkoista kumppania, sillä ilmoituksenne mukaan valkokantisen kirjan olisi pitänyt ilmestyä syksyllä 2022. Nyt eletään jo alkutalvea, joten odotan malttamattomasti lupauksenne lunastamista.*

Erinäisistä syistä kirjan teko on viivästynyt, ja välillä alkoi jo tuntua, että voimme luvata sen ilmestyvän

## à la Saint-Glinglin [alasɛ̃glɛ̃glɛ̃]

eli ei koskaan. Sanonta on peräisin 1800-luvun lopulta Itä-Ranskasta. Siinä on sotkettu homonyymit* **saint** [sɛ̃] (pyhä) ja **seing** (nimikirjoitus, vahvistus, joka tarkoitti muinaisranskassa myös signaalia, kellonsoittoa). Murteellinen **glinguer** puolestaan tulee germaanisesta klingen-verbistä (soida). Koska Glinglin ei ole kalenterissa, ei hänelle myöskään koskaan soiteta kelloja.

> Ei koskaan tai epämääräiseen tulevaisuuteen lykkäämistä tarkoittavat myös sanonnat
> **renvoyer aux calendes grecques** [rɑ̃vwajeokalɑ̃dgrɛk]. Kun juliaaninen kalenteri otettiin käyttöön Roomassa, les calendes oli kuukauden ensimmäinen päivä, jolloin velat piti maksaa. Kreikkalaisilla ei ollut calendes käytössä, joten sanonta tulee siitä.

*Ennen Ranskassa lapsille annettiin vain pyhimysten nimiä, joten « Quel est le saint du jour aujourd'hui ? » tarkoittaa "kenen nimipäivä on tänään?" Nykyään lapsille voi antaa muitakin kuin pyhimysten nimiä.*

*renvoyer = lähettää takaisin, torjua, olla ottamatta vastaan*

*les calendes = hist. Roomassa kuukauden ensimmäinen päivä*

*Homonyymit ovat sanoja, jotka kirjoitetaan tai äännetään samalla tavalla, mutta niillä ei ole muuten mitään tekemistä toistensa kanssa.

**17**

Suomeksi "ei koskaan" voidaan sanoa: "sitten kun lehmät lentävät".

la semaine des quatre jeudis [las(ə)mɛndekatʀəʒødi] = neljän torstain viikko. Sanonta tulee siitä, kun lapsilla oli torstait vapaata koulusta. Neljän vapaapäivän viikkoa tuskin tuli.

à Pâques ou à la Trinité [apɑkualatʀinite] = pääsiäisenä tai pyhän kolminaisuuden päivänä

quand les poules auront des dents [kãlepuloʀõdedã] = kun kanoilla on hampaat

Kreikkalaisessa mytologiassa on taru Ariadnesta, jonka antaman lankakerän avulla Theseus löysi tiensä ulos labyrintistä. Koska Annelilla on varastossa paljon sukkalankaa, niin hän ajatteli sukan kutomisen sijaan alkaa keriä Ariadnen lankaa

Ääntämisvinkki: i muuttuu j:ksi vokaalin edessä.

un fil d'Ariane [fildaʀjan]

ja etsiä neulaa heinäsuovasta kirjakudelman aikaansaamiseksi

*Suomalainen sanonta "saada langan päästä kiinni" viitannee juuri Ariadnen lankaan ja tarkoittaa ratkaisevan asian keksimistä.*

chercher une aiguille
dans une botte de foin
[ʃɛʀʃeynegɥijdãzynbɔtdəfwẽ].

Toivottavasti kukaan tai mikään ei enää pane kapuloita rattaisiin
mettre des bâtons dans les roues [mɛtʀədebatõdãleʀu]

une éponge = sieni, pesusieni

eikä meidän tarvitse heittää pyyhettä kehään
jeter l'éponge [ʒətelepõʒ].

Luovuttamista kuvaava sanonta tulee siitä, että Ranskassa nyrkkeilijöitä pyyhitään sienellä.

Ei suuret sanat suuta halkaise
les grands diseurs ne sont pas les grands faiseurs
[legʀãdizœrnəsõpalegʀãfəzœʀ].

"Suuret puhujat eivät ole suuria tekijöitä", sanotaan siis ranskaksi.

18

Siispä toimeen! Nyt olemme täynnä intoa

**être tout feu, tout flamme** [εtʀətufø tuflɑm],

*le feu = tuli, liekki; into*
*la flamme = liekki; hehku, kiihko*

ja luja tahto vie läpi harmaan kiven

**vouloir, c'est pouvoir** [vulwaʀ sɛpuvwaʀ].

*vouloir = tahtoa, haluta, vaatia*
*pouvoir = voida, kyetä*

Ei se mikään ylivoimainen tehtävä ole (meri juotavaksi)

**ce n'est pas la mer à boire** [s(ə)nɛpɑlamɛʀabwaʀ],

vaikka onkin hieman hankalaa, ei mikään laiskanvirka
(eli työ, jossa pääsee helpolla)

**ce n'est pas une sinécure** [s(ə)nɛpɑ(z)ynsinekyʀ].

Mutta ei pidä koskaan jättää huomiseen sitä, minkä voi tehdä tänään

**il ne faut jamais remettre au lendemain** [ilnəfoʒamɛʀ(ə)mɛtʀolɑ̃dmɛ̃]
**ce qu'on peut faire le jour même** [s(ə)kɔ̃pøfɛʀləʒuʀmɛm].

*remettre = panna, asettaa; antaa,*
*siirtää; lykätä toistaiseksi*
*le lendemain = seuraava päivä*

Emmehän halua niellä ylpeyttämme ja
myöntää erehtyneemme eli syödä hattuamme,
kuten ranskalainen sanoisi:

**manger son chapeau** [mɑ̃ʒesɔ̃ʃapo].

*couronner = kruunata; seppelöidä, palkita*
*une couronne = seppele, kruunu*

Toivottavasti lopussa kiitos seisoo

**c'est la fin qui couronne l'œuvre** [sɛlafɛ̃kikuʀɔnlœvʀ].

*une œuvre*
*= työ, teko, toimi*

*un œuvre*
*= taiteilijan/kirjailijan*
*koko tuotanto*

**Promis, juré, craché !** [pʀɔmi ʒyʀe kʀaʃe]

Lupaan ja vannon, kautta kiven ja kannon. Ranskassa ei
pelkästään luvata ja vannota vaan myös sylkäistään. Ennen
muinoin oli sopimuksen vahvistamiseksi tapana sylkäistä
kämmeneen ja puristaa sopimuskumppanin kättä.

**Ce n'est pas la mer à boire.**

Englannista tulee nykyisin paljon lainattuja ilmaisuja.
Ranskastakin voisi tulla, tämä olisi Tarun suosikkeja.

*Se ei ole meri juotavaksi eli ylivoimainen tehtävä.*

# Des goûts et des couleurs, on ne discute pas

[deguedekulœʀɔ̃(ə)diskytpɑ] = *Makuasioista ei pidä kiistellä*

Suomalainen ei kiistele makuasioista, mutta ranskaksi *ei kiistellä mauista eikä väreistä*. Värejä käytetään kuitenkin molemmissa kielissä useissa sanonnoissa.

### MUSTA & HARMAA – NOIR [nwaʀ] & GRIS [gʀi]/ GRISE [gʀiz]

Meillä työskennellään pimeästi mutta Ranskassa *mustana*

**travailler au noir** [tʀavajeonwaʀ].

*noir de monde = mustanaan väkeä eli paljon porukkaa*

Kun suomalainen on synkissä mietteissä, niin ranskalaisella *on mustia ajatuksia*

**avoir des idées noires** [avwaʀdezidenwaʀ].

Kun Suomessa näyttää nyrpeää tai hapanta naamaa, niin Ranskassa *kasvonilme on harmaa*

**faire grise mine** [fɛʀgʀizmin].

Harmaat aivosolut ovat Ranskassa *harmaata ainetta*

**la matière grise** [matjɛʀgʀiz]

*faire travailler sa matière grise = vaivata aivonystyröitään*

ja auton rekisteriote on *harmaa kortti*

**la carte grise** [kaʀt(ə)gʀiz].

*Je n'en ai pas la moindre idée. = Minulla ei ole siitä harmainta aavistustakaan. le/la moindre [mwɛ̃dʀ] = pienin, vähäisin*

*la grisaille du quotidien = harmaa arki la grisaille [gʀizaj] = harmaus*

la griserie
[gʀizʀi] =
lievä humala;
huuma, hurma

la griserie
du succès =
menestyksen
huuma

Ranskaksi ollaan *harmaita*, kun ollaan hiprakassa, hieman huppelissa

**être gris(e).**

griser
[gʀize] =
päihdyttää,
humalluttaa;
huumata (kuv.)

Mustapörssi ei ole ranskaksi pörssi vaan *markkinat*

**le marché noir,**

mutta *huumori* on molemmissa kielissä *mustaa*, kun vakavista asioista vitsaillaan

**l'humour noir** [ymuʀnwaʀ].

Samoin *harmaa eminenssi*, taustavaikuttaja ja salainen neuvonantaja, on molemmissa kielissä harmaa

**l'éminence grise** [eminãsgʀiz].

blanc, -he
= valkoinen,
vaalea, väritön;
puhdas, tyhjä;
viaton

## VALKOINEN – BLANC [blã]/ BLANCHE [blãʃ]

Suomalainen viettää unettoman yön mutta ranskalainen valkean

**passer une nuit blanche.**

Suomeksi voi olla kalpea tai valkoinen kuin lakana, ranskaksi lakanan tilalla on *liinavaate*

**être blanc/blanche comme un linge** [lɛ̃ʒ].

monter les/des
blancs en neige
= vatkata
valkuaiset
vaahdoksi

Kun rehellinen suomalainen on puhdas kuin pulmunen, niin ranskalainen *on lumivalkoinen*

**être blanc/blanche comme neige** [nɛʒ].

Suomalainen äänestää tyhjää mutta ranskalainen valkoista

**voter blanc.**

noir sur blanc
= mustaa valkoisella

22

Siispä tyhjä äänestyslippu on valkoinen

**un bulletin blanc** [byltɛ̃blɑ̃].

Ranskaksi *annetaan valkoinen kortti*, kun annetaan täydet valtuudet jollekulle

**donner carte blanche à qn.**

Paperiavioliitto eli avioliitto, jonka perustana on joku muu syy kuin ihmissuhde, on Ranskassa *valkoinen avioliitto*

**un mariage blanc,**

ja lukion preliminäärikoe on ranskaksi *valkoinen ylioppilastutkinto*

**le bac blanc.**

> *Ranskaksi värisokea on daltonien [daltɔnjɛ̃], daltonienne [daltɔnjɛn].*

> *Ranskassa ei pestä rahaa vaan valkaistaan: blanchir de l'argent.*

## PUNAINEN – ROUGE [ʀuʒ]

Suomessa ajetaan päin punaisia, samoin Ranskassakin voi

**passer au rouge**

tai *polttaa punainen* (liikenne)*valo*

**brûler le feu rouge** [bʀylel(ə)føʀuʒ].

Molemmissa maissa voi raivostuessaan *nähdä punaista*

**voir rouge**

ja *olla häpeästä punainen*

**être rouge de honte** [ɔ̃t].

> *La honte -sanassa on konsonanttinen h. Se näkyy myös de-prepositiosta, koska se ei lyhene.*

Meillä on tili miinuksella, mutta Ranskassa *ollaan punaisella*

**être dans le rouge.**

## VIHREÄ – VERT [vɛʀ]/ VERTE [vɛʀt]

Ranskassa viherpeukalolla *on vihreä käsi*

**avoir la main verte.**

Kuollakseen pelkäävä ranskalainen voi *olla pelosta vihreä*

**être vert(e) de peur.**

*Kateudesta ollaan vihreitä* molemmissa maissa

**être vert(e) de jalousie** [ʒaluzi].

Samoin näytetään (ranskaksi tosin *annetaan*) *vihreää valoa*,
kun halutaan ilmaista suostumusta tai myöntymistä

**donner le feu vert.**

*galant, -e*
*[galɑ̃, galɑ̃t]*
*= kohtelias,*
*ritarillinen*

Ranskan kuningas Henrik IV oli lempinimeltään **le Vert-Galant**
ikinuori naissankari. Pariisissa on Citén saaren länsikärjessä
le Square du Vert-Galant [skwaʀdyvɛʀgalɑ̃] ja sen yläpuolella Pont-
Neuf-sillalla Henrik IV:n ratsastajapatsas.

Kettu ja pihlajanmarjat, alun perin Kettu ja viinirypäleet, on yksi
Aisopoksen eläinsaduista. 1600-luvulla Jean de La Fontaine kirjoitti
faabelin Kettu ja viinirypäleet. Siinä kettu sanoo
**ils sont trop verts** (*ne ovat liian vihreitä/raakoja*). Suomeksi
sanonta kuuluu "happamia sanoi kettu pihlajanmarjoista".

## KELTAINEN – JAUNE [ʒon]

"Nauraa väkinäisesti" sanotaan ranskaksi
*nauraa keltaisesti*

**rire jaune.**

*Suomessa liikennevalo*
*on keltainen,*
*Ranskassa se on oranssi.*
*Le feu est à l'orange.*

Keltainen on petturien (ja myös rikkurien) ja sairaiden väri, sillä esimerkiksi hepatiitissa silmänvalkuaiset ja iho kellertävät.

**Le maillot jaune** puolestaan on Ranskan ympäriajoa johtavan pyöräilijän keltainen paita.

### SININEN – BLEU [blø]/ BLEUE [blø]

Sinisellä värillä ilmaistaan ranskassa erilaisia tunteita. Jos pelätään kuollakseen, niin *on sininen pelko*

**avoir une peur bleue,**

ja jos on kauhean vihainen, niin *ollaan sinisiä suuttumuksesta*

**être bleu(e) de colère.**

Tunteellinen, herkkä ihminen puolestaan *on sininen kukka*

**être fleur bleue.**

Melkein raaka pihvi on sininen

**un steak bleu** [stɛkblø]

*Je n'y vois que du bleu.*
*= Olen täysin ymmällä.*
*(näen vain sinistä)*

ja mestarikokki on *sininen nauha*

**un cordon-bleu** [kɔʀdɔ̃blø].

Maksukorttia kutsutaan myös *siniseksi kortiksi*

**une carte bleue.**

**La Grande Bleue**, *suuri sininen*, on Välimeri ja

**Les Bleus** on Ranskan jalkapallomaajoukkue.

*Mustelmia sydämessä,* **Des bleus au cœur,** puolestaan on kanadalainen elokuva vuodelta 2010.

*avoir des bleus*
*= olla mustelmilla*

# Vanhoja, molemmilla kielillä esiintyviä
# viisauksia/sananlaskuja

**L'union fait la force.** *Joukossa on voimaa.*

**Au besoin on connaît l'ami.**
*Hädässä ystävä tunnetaan.*

**Il n'y a pas de fumée sans feu.** *Ei savua ilman tulta.*

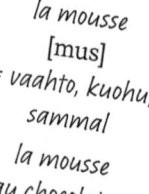

*amasser
[amase]
= kerätä, kasata*

*la mousse
[mus]
= vaahto, kuohu;
sammal*

*la mousse
au chocolat =
suklaavaahto*

**Pierre qui roule n'amasse pas mousse.**
*Vierivä kivi ei sammaloidu.*

**À l'œuvre on connaît l'ouvrier.**
*Työstään tekijä tunnetaan.*

**Les petits ruisseaux font les grandes rivières.**
*Pienistä puroista syntyy suuri joki.*

**L'habitude est une seconde nature.**
*Tottumus on toinen luonto.*

**L'exception confirme la règle.**
*Poikkeus vahvistaa säännön.*

**L'oisiveté est la mère de tous les vices.**
*Joutilaisuus on kaikkien paheiden äiti.*

l'oisiveté (f.) [wazivte]
= toimettomuus,
joutenolo, joutilaisuus

**Ce qui ne tue pas rend plus fort.**
*Mikä ei tapa, vahvistaa.*

rendre + adjektiivi
= tehdä joksikin
rendre plus fort
= tehdä vahvemmaksi

**L'argent ne fait pas le bonheur.**
*Raha ei tee onnelliseksi.*

**Rira bien qui rira le dernier.**
*Se parhaiten nauraa, joka viimeksi nauraa.*

Il faut tourner sept fois sa langue dans sa bouche avant de parler.

Il faut tourner sept fois sa langue dans sa bouche avant de parler.

Täytyy miettiä ennen kuin puhuu tai vaikka laskea kymmeneen.

Ranskalainen *kääntää kieltään suussa seitsemän kertaa ennen puhumista.*

# Un esprit sain dans un corps sain

[ɛ̃nɛspʀisɛ̃dɑ̃zɛ̃kɔʀsɛ̃] = *Terve sielu terveessä ruumiissa*

sain et sauf
[sɛ̃esof]
= ehjin nahoin,
turvallisesti

Sanotaan, että *seinillä on korvat*
**les murs ont des oreilles,**

jusqu'aux oreilles
= korviaan myöten,
kokonaan

mutta entä jos on huonokuuloinen
**dur(e) d'oreille** [dyʀdɔʀɛj]?

Tai ei ole kuulevinaan, *tekee kuuron korvan*
**faire la sourde oreille.**

un oreiller [ɔʀeje]
= tyyny

Voi myös *nukkua molempien korvien päällä eli levollisesti*
**dormir sur ses deux oreilles** [dɔʀmiʀsyʀsedøzɔʀɛj].

les oreillons (m. mon.)
= sikotauti

Poissa silmistä, poissa mielestä, eli jos jotakin ei näe,
se on helpompi unohtaa.
*Kaukana silmistä, kaukana sydämestä, sanoo ranskalainen*
**loin des yeux, loin du cœur** [lwɛ̃dezjø lwɛ̃dykœʀ].

un œil [œj],
les yeux [jø]
= silmä, silmät

Terävä- tai tarkkasilmäinen on sellainen, jolla *on ilveksen silmät*
**avoir des yeux de lynx** [lɛ̃ks],

ja jos katsoo kieroon, niin ranskaksi voi sanoa, että omaa *silmän,
joka haistattaa paskat toiselle silmälle*
**avoir un œil qui dit merde à l'autre.**

Mon œil !
[mɔ̃nœj]
= Ei varmasti,
en usko!

gros, -se
[gʀo, gʀos]
= paksu, iso,
lihava

grand, -e
[gʀã, gʀãd]
= suuri, iso

Silmät voivat myös olla isommat kuin vatsa eli on haukannut
suuremman palan kuin jaksaa niellä tai lastannut lautaselle liikaa

**avoir les yeux plus gros/grands que le ventre.**

Nenänsä puolestaan *voi pistää kaikkialle* eli olla utelias

**mettre son nez partout.**

un pied [pje]
= jalka

un nez [ne]
= nenä

Voi myös näyttää pitkää nenää onnistuessaan epäilyistä huolimatta.
Ranskaksi käytetään jalka-sanaa nenän lisäksi

**faire un pied de nez.**

Tanssittaa jotakuta pillinsä mukaan -sanonnassa
ei ranskaksi ole pilliä vaan nenänpää

**se laisser mener par le bout du nez.**

Mener-verbillä
on paljon
merkityksiä,
esim. mener
en bateau =
puijata, vetää
nenästä.

Jos taas ranskaksi pannaan joku puhumaan sivu suunsa eli
lipsauttamaan halutut tiedot, niin häneltä *vedetään matoja nenästä*

**tirer les vers du nez à qn.**

Sanat un ver = mato ja un vers = värssy, säe ääntyvät samoin [vɛʀ],
ja molemmilla on sama monikko **des vers.** Tässä sanonnassa on
kuitenkin kyse madoista.

”Täytyy miettiä ennen kuin puhuu”, sanoo suomalainen.
Ranskalainen *kääntää kieltään suussa seitsemän kertaa
ennen puhumista*

**il faut tourner sept fois sa langue dans sa bouche
avant de parler.**

Puhuja voi myös olla vaikeaselkoinen eli *käyttää kapulakieltä*
**utiliser la langue de bois**

le bois [bwa]
= puu(aine), metsä

tai olla muista pahaa puhuva panettelija eli *kyykäärmeenkieli*

**une langue de vipère** [vipɛʀ].

Meillä tulee vesi kielelle, Ranskassa *vesi on suussa*

**avoir l'eau à la bouche** [buʃ].

Suussa on hampaat, ja ne voivat olla myös pitkät. Suomessa pitkin hampain tekeminen liittyy vastentahtoisuuteen. Ranskassa *olla pitkähampainen* tarkoittaa "olla hyvin kunnianhimoinen"

**avoir les dents longues.**

**Avoir la dent** tarkoittaa "olla nälkäinen" ja

**avoir la dent dure** (*omata kova hammas*) tarkoittaa "arvostella ankarasti".

Suomessa ihmisellä voi olla jotain hampaankolossa eli voi kantaa kaunaa jollekulle, mutta Ranskassa vastaavassa sanonnassa on vain hammas, ei koloa

**avoir une dent contre qn.**

Päästä on sanontoja vaikka millä mitalla, mutta otetaan tähän vain sanonta "ei päätä eikä häntää" eli ei mitään järkeä. Ranskassa se on toisin päin: *ei häntää eikä päätä*

**sans queue ni tête** [sãkønitɛt].

Päässä on hiukset, ainakin suurimmalla osalla ihmisistä. Meillä halotaan hiuksia, Ranskassa *ne leikataan neljään osaan*

**couper les cheveux en quatre.**

*Epäoleellisiin pikkuasioihin tarttuminen voi olla suomeksi myös pilkun viilaamista tai saivartelua. Saivare on täin muna ja ranskaksi saivartelu onkin pienen eläimen etsimistä = chercher la petite bête.*

Täällä ollaan krapulassa, ranskalaisella *on hiukset kipeänä*

**avoir mal aux cheveux** [ʃ(ə)vø].

Jos puhe sammaltaa, niin ranskalaisella *on hius kielen päällä*

**avoir un cheveu sur la langue**.

Jos taas tullaan jonnekin sopimattomaan aikaan,
niin Ranskassa *saavutaan kuin hius keittoon*

**arriver/venir comme un cheveu sur la soupe**.

Suomen tupee
tulee ranskan
sanasta
faux toupet.
faux [fo]
= väärä, teko-
un toupet [tupe]
= hiustöyhtö

Molemmissa kielissä *ollaan hiuskarvan varassa*

**ne tenir qu'à un cheveu**.

Hieman enemmän hiuksia vaatii olla röyhkeä,
julkea, sillä siihen tarvitaan *hiustöyhtö*

**avoir du toupet**.

une mèche =
hiussuortuva
être de mèche
avec qn
= olla samassa
juonessa jkn
kanssa, olla jkn
rikostoveri

Au feu !
[ofø]
= Tuli on irti!

Suomalainen voi vannoessaan jotakin panna vaikka
päänsä pantiksi, mutta ranskalainen *laittaa kätensä tuleen*

**mettre sa main au feu**.

Jos on patalaiska, niin ranskalaisella *on karva kädessä*

**avoir un poil dans la main** [avwaʀɛ̃pwaldãlamɛ̃].

Kädessä on sormet ja jonkin voi tuntea kuin viisi sormeaan eli
erityisen hyvin. Ranskassa se *osataan sormenpäillä*

**savoir qc sur le bout des doigts**.

Meillä sanotaan, että pikkulinnut lauloivat, kun tiedon lähdettä
ei haluta kertoa. Ranskassa *sen kertoi pikkusormi*

**mon petit doigt m'a dit que...** [mɔ̃p(ə)tidwamadikə].

Suomessa juopotellessa kallistellaan lasia,
Ranskassa *nostetaan kyynärpäätä*

**lever le coude** [l(ə)vel(ə)kud].

*Kyynärpäitä kiristetään* tai *puristetaan*, kun tiivistetään rivit,
kootaan voimat, pidetään yhtä

**se serrer les coudes.**

Kyynärpäästä alkaa *käsivarsi*, ja se voi Ranskassa olla *pitkä*,
mikä tarkoittaa, että on vaikutusvaltainen

**avoir le bras long.**

*bras dessus*
*bras dessous*
[bʀad(ə)sy
bʀad(ə)su]
= *käsikynkkää*
*(käsivarsi päällä,*
*käsivarsi alla)*

Jalastakin löytyy sanontoja. Jos ei tiedä, miten menetellä,
niin Ranskassa *ei tiedä, kummalla jalalla tanssia*

**ne pas savoir sur quel pied danser.**

*Laittaa jalat matalaan veteen* (**plat**-sanan 1800-luvun merkitys)
tarkoittaa mokaamista, sammakoiden suustaan päästelemistä

**mettre les pieds dans le plat.**

*Rikkoa jalat* -sanontaa käytetään, kun joku rasittaa, käy hermoille

**casser les pieds.**

Toisaalta *tämä on jalka* -sanonta tarkoittaa "Tämä on loistojuttu!"

**c'est le pied !**

Kaahari ajaa nastaa laudassa, ranskaksi *jalka lattiassa*

**le pied au plancher.**

Ei kuitenkaan ihan kirjaimellisesti

**au pied de la lettre.** Siinäkin käytetään jalka-sanaa.

un estomac
[estɔma]
= vatsa, maha

Hirveän nälissään olevalla on *vatsa kantapäissä*

**avoir l'estomac dans les talons.**

le talon d'Achille =
[talɔdaʃil]
akilleenkantapää
eli arka, heikko kohta

Molemmissa maissa ollaan tiukan paikan tullen *selkä seinää vasten*

**être dos au mur.**

Hyvät ystävät ovat kuin paita ja peppu eli *peppu ja paita*

**être comme cul et chemise** [kyeʃ(ə)miz].

Jos on kiire, kummassakin maassa voi olla *tuli peffan alla*

**avoir le feu au derrière.**

Mutta kun meillä juodaan Pohjanmaan kautta eli kulautetaan lasi kerralla tyhjäksi, niin Ranskassa *tehdään* (lasin) *peppu kuivaksi*

**faire cul sec.**

Le cul ääntyy [ky] ja se on rahvaanomainen sana takapuolelle (perse). Se lyhennetään arkikielessä usein q-kirjaimella: esimerkiksi vessapaperi on puhekielessä **le p.q.** [peky] (tai **le pécu**) = **le papier cul.**

Sydän on ehkä ihmisen tärkein elin. *Se voi olla iso*, mikä tarkoittaa "olla surullinen"

**avoir le cœur gros.**

*Artisokan sydän* puolestaan on henkilö, joka rakastuu helposti

**un cœur d'artichaut.**

Jos hän on antelias, niin *hänellä on sydän kädellä*

**avoir le cœur sur la main.**

par cœur =
[paʁkœʁ]
ulkoa, ulkomuistista

# Un coin-toilette

*Pesunurkka eikä kolikko-wc*

Eräässä Annelin käyttämässä oppikirjassa nuori nainen
oli vuokraamassa huonetta ja kysyi, onko siellä suihkua.
Vuokraemäntä vastasi:

## Là, derrière le rideau il y a un coin-toilette avec lavabo et bidet.

*Tuolla verhon takana on pesunurkka, jossa on lavuaari ja bidee.*

Oppilas suomensi luultavasti englannin
erehdyttämänä pesunurkan kolikko-wc:ksi.

*une pièce = kolikko*

un coin [ɛ̃kwɛ̃] = nurkka, kulma

la toilette [latwalɛt] = peseytyminen, pukeutuminen,
siistiytyminen

les toilettes = wc

*faire sa toilette = pukeutua, siistiytyä; peseytyä (kissasta)*

*aller aux toilettes = mennä vessaan*

*Les toilettes, s'il vous plaît ? [letwalɛt silvuplɛ] = Missä on vessa?*

*L'eau de toilette ei ole vessavettä vaan peseytymisvettä.*

*Aikoinaan, kun kylpyhuoneet ja juokseva vesi olivat harvinaisuuksia, peseytyminen suoritettiin alkoholiin kostutetulla hajustetulla kangaspalalla. Nykyään ko. vesi toimii vain hajusteena.*

## se lécher les babines

nuoleskella tyytyväisenä huuliaan;
nauttia jostakin ruokalajista tai tilanteesta

*les babines (fem.)*
*= lerppahuuli, koiran*
*roikkuvat huulet*

*une lèvre = huuli*
*un sourire aux lèvres*
*= hymy huulillaan*

## faire ripaille

mässäillä

## à la bonne franquette

kursailematta, aivan yksinkertaisesti,
vaatimattomasti

## crever la dalle

nähdä nälkää, elää kurjuudessa

*crever = puhjeta, haljeta;*
*puhkaista, halkaista;*
*(eläimestä) kuolla*

*crever de faim*
*= nääntyä nälkään*

*Je suis crevé(e)*
*= olen väsynyt, poikki.*

*J'ai crevé = kumi puhkesi*
*(esim. autosta).*

*une dalle =*
*(lattia)laatta;*
*kurkku (sanonnoissa)*

*se rincer la dalle =*
*kostuttaa kurkkuaan,*
*ottaa ryyppy*

*avoir la dalle en pente*
*= olla viinaanmenevä*

# Dis-moi ce que tu manges, je te dirai qui tu es

[dimwas(ə)kətymãʒ ʒət(ə)diʀekityɛ]
= *Sano minulle, mitä syöt, niin minä sanon sinulle, kuka sinä olet*

Molière on sanonut: *Pitää syödä elääkseen eikä elää syödäkseen*
**il faut manger pour vivre, et non pas vivre pour manger.**

Ja Brillat-Savarin:
*Kerro minulle, mitä syöt, niin minä kerron sinulle, mikä olet*
**dis-moi ce que tu manges, je te dirai ce que tu es.**

"Uni on köyhän lapsen ruoka", sanoo suomalainen. Kun nukkuu, niin unohtaa nälän. Ranskaksi sanotaan *ken/se, joka nukkuu, syö päivällistä*
**qui dort dîne.**
Toisen selityksen mukaan tämä ilmaisu olisi peräisin keskiajalta, jolloin majataloon otettiin yöksi vain matkalaisia, jotka myös ruokailivat. Ei yhtä ilman toista.

Ei voi syödä, jollei ole rahaa, jota ranskaksi kutsutaan arkisesti myös suolaheinäksi (**oseille**) tai retiisiksi (**radis**): "Minulla ei ole penniäkään", eli *minulla ei ole retiisiä*
**je n'ai pas un radis.**

Ruokaa ei kuitenkaan kannata varastaa edes nälkäänsä, sillä ranskalainen sananlasku sanoo *joka varastaa munan, varastaa härän.* Se tarkoittaa, että pieni rikos voi johtaa isompaan
**qui vole un œuf vole un bœuf.**

*un œuf [œf],*
*des œufs [ø]*
*= muna, munia*

*un bœuf [bœf],*
*des bœufs [bø]*
*= härkä, härkiä*

**37**

"Aina roiskuu, kun rapataan", sanoo suomalainen, kun epäillään ettei kaikki ole mennyt aivan täydellisesti. Ranskaksi "rapatessa roiskuu" tai "tekevälle sattuu" -sanonnassa *ei voi tehdä munakasta rikkomatta munia*

## on ne fait pas d'omelette sans casser des œufs.

Munaa käytetään myös ranskassa sanomaan, ettei pidä panna kaikkea yhden kortin varaan. Eli *ei pidä laittaa kaikkia munia samaan koriin*

## il ne faut pas mettre tous ses œufs
## dans le même panier.

Hedelmiä ja marjoja esiintyy monissa sanonnoissa:
Panna riita puoliksi, tehdä myönnytyksiä
ilmaistaan sanonnalla *leikata päärynä kahtia*

## couper la poire en deux.

Päärynää käytetään myös, kun pannaan jotakin talteen pahan päivän varalle. Eli *säilyttää päärynä janoa varten*

## garder une poire pour la soif.

Päärynän ja purjon ääntäminen eroaa vain yhdellä äänteellä:
**poire** [pwaʀ], **poireau** [pwaʀo].
Harjoitella voi esim. ruokatermeillä
**une tarte aux poires** [taʀtopwaʀ] = päärynätorttu
**une tarte aux poireaux** [taʀtopwaʀo] = purjotorttu.

Se ei ole helppoa eli *se ei ole torttua*

## ce n'est pas de la tarte.

Mutta sitä ei tehdä turhaan eli *luumujen takia*

**pour de prunes.**

*Se on kirsikka kakun päällä* tarkoittaa, että se on kaiken huippu

**c'est la cerise sur le gâteau.**

Ei hyvä eikä huono eli keskinkertainen on ranskaksi
*puoliksi viikuna, puoliksi viinirypäle*

**mi-figue, mi-raisin** [mifig miʀɛzɛ̃].

Olla huippukunnossa, hyvässä vireessä voidaan ilmaista sanonnalla
*omistaa persikka*

**avoir la pêche.**

Kun pyörtyy, niin *putoaa omeniin*

**tomber dans les pommes.**

Päähän viitataan usein hedelmillä,
esimerkiksi mansikalla tai persikalla.

"Aukoa päätään, puuttua keskusteluun pyytämättä"
sanotaan *tuoda (takaisin) mansikkansa*

**ramener sa fraise.**

Vihanneksiakin käytetään sanonnoissa:
Ranskassa hörökorvaisella on *kaalinlehtikorvat*

**avoir les oreilles en feuilles de chou.**

Kaalia käytetään myös adjektiivisesti ilmaisemaan,
että joku on suloinen

**être chou.**

*une prune*
*[pʀyn]*
*= luumu*

*un pruneau*
*[pʀyno]*
*= kuivattu luumu*

*Maan omenat pellon puvussa!*
*= kuorineen keitetyt perunat*
*des pommes de terre*
*en robe des champs*

*Tehdä valkokaali* taas tarkoittaa epäonnistumista, vesiperän vetämistä

**faire chou blanc.**

Kun odotetaan pitkään, *tehdään purjo*

**faire le poireau.**

Ja kun parannetaan tilannetta, asemaansa, *laitetaan voita pinaattiin*

**mettre du beurre dans les épinards.**

Kun kaikki on hukassa, toivo menetetty, *porkkanat ovat kypsiä*

**les carottes sont cuites.**

Hieman samaa tarkoittaa ilmaus *se on papujen loppu* eli se on kaiken loppu

**c'est la fin des haricots.**

*Juosta pavun päällä* puolestaan tarkoittaa "ottaa kupoliin, raivostuttaa"

**courir sur le haricot.**

Kaloistakin löytyy ilmaisuja. Kuten suomeksikin, voi olla *kuin kala vedessä.* Ranskaksi voi olla myös *onnellinen kuin kala vedessä*

**(heureux/heureuse) comme un poisson dans l'eau**

tai *sulkeutunut kuin osteri*

**fermé(e) comme une huître**

tai vaikkapa hyvin *laiha kuten hietakampela*
(etenkin lattarintainen nainen, litteä kuin lauta)

**plat(e) comme une limande.**

Ruukku, purkki, pytty on myös kantanut kortensa
sanontojen kekoon:
Suomessa "kierretään kuin kissa kuumaa puuroa", kun jotakin
haluttaisiin saada aikaiseksi siinä onnistumatta, viivytellään ja
epäroidään. Ranskassa *kierretään ruukun ympärillä*

**tourner autour du pot.**

Tai jos syödään, mitä kotona sattuu olemaan,
niin *syödään ruukun rikkauksilla*

**manger à la fortune du pot.**

Ja jos *löydetään ruusuruukku*, päästään perille salaisuudesta
tai paljastetaan se

**découvrir le pot aux roses.**

"Vakka kantensa valitsee", säilytysastia saa siihen sopivan kannen
ja ihmiset toisilleen sopivat seuralaiset.

**À chaque pot son couvercle.**

*Viinissä on totuus*
**la vérité est dans le vin.**

*"Mitä väliä on pullolla, kunhan tulee humalaan?"*,
kysyi Alfred de Musset.

**Qu'importe le flacon, pourvu qu'on ait l'ivresse ?**

Viiniä käytetään myös sanonnassa "maksaa lahjuksia". **Verser-**
verbi tarkoittaa sekä kaataa (nestettä) että maksaa, suorittaa maksu

**verser un pot-de-vin.**

*Ei olla lautasellaan* tarkoittaa, ettei ole kunnossa

**ne pas être dans son assiette.**

Ja kun on kurkkua myöten täynnä (kyllästynyt),
*on kulho piripinnassa*

**en avoir ras le bol.**

Äkkipikainen ihminen puolestaan *on maitokeitto.*
Sehän kiehuu helposti yli

**être soupe au lait.**

*Ei pidä heittää öljyä tuleen* eli kiihdyttää kuumentunutta tilannetta.

**Il ne faut pas jeter de l'huile sur le feu.**

Tämän ruokaisan osion kirjoittaminen saa nälkäiseksi,
joten pitänee painaa kaasua/kaasupoljinta

**appuyer sur le champignon**

*un champignon [ʃɑ̃piɲɔ̃]*
*= sieni; kaasupoljin (ark.)*

jotta pääsee syömään välipalaa, murkinoimaan

**casser la croûte.**

Eläinosiossa ollaankin nälkäisiä kuin susi

**avoir une faim de loup.**

*casser*
*[kase]*
*= särkeä, rikkoa*

*une croûte*
*[kʀut]*
*= leivän kuori,*
*leivänpala*

# Une maîtresse

*= emäntä; rakastajatar; alakoulun opettaja*

Tapahtui Nizzassa 1990-luvulla. Anneli tapasi Rivieralla asuvan opiskelukaverinsa, jonka isä oli Annelin oppilaana kansalaisopistossa. Opiskelukaverilla oli mukanaan pieni poikansa, jolle hän esitteli Annelin sanoen:

**C'est la maîtresse de Papy**.

*Tässä on isoisän opettaja.*

Pikku poika totesi hämmästyneenä:

**C'est pas vrai !**

*Ei oo totta!*

Poika tietysti hämmästeli sitä, miten noin nuori nainen on voinut olla isoisän alakoulun opettaja. Hänen äitinsä olisi pitänyt käyttää Annelista titteliä professeur(e), mutta hän käytti lapselle tutumpaa termiä maîtresse.

Annelia taas nauratti maîtresse-sanan toinen merkitys, jota lapsi ei varmastikaan tiennyt. Seuran aikuisille Anneli katsoi parhaaksi todeta olevansa **la professeur(e) (de français) de Papy** eikä **la maîtresse de Papy**.

**un/une professeur(e)** = aineenopettaja

**une maîtresse** = alakoulun opettaja; rakastajatar; emäntä

*Alakoulun opettaja on nykyään un(e) professeur(e) des écoles. Ennen se oli un instituteur, une institutrice, mutta naisopettajaa kutsuttiin usein termillä maîtresse.*

# Vanhoja, molemmilla kielillä esiintyviä
# viisauksia/sananlaskuja

*un soulier* [sulje]
= kenkä (vanhahtava
tai erikoiskäyttö)

*une chaussure* [ʃosyʀ]
= kenkä (yleinen,
neutraali käyttö)

**Chacun sait où son soulier le blesse.**
*Tiedän itse, mistä kenkäni puristaa.*
Asioiden todelliset syyt tietää jokainen itse parhaiten.

*la prudence*
[pʀydãs]
= varovaisuus,
harkitsevuus,
maltillisuus

**Prudence est mère de sûreté.** *Ei vara venettä kaada.*
Etukäteen varautuminen on viisasta.

**Une bonne conscience est un bon oreiller.**
*Hyvä/puhdas omatunto on paras päänalunen/tyyny.*

**Un tiens vaut mieux que deux tu l'auras.**
*Parempi pyy pivossa kuin kymmenen oksalla.*

*valoir mieux*
[valwaʀmjø]
= olla parempi,
kannattavampi,
edullisempi

Yksi varma asia on parempi kuin useampi epävarma. Pivo on
tarkoittanut kouraa tai kämmentä. Nykyisin metsäkanalinnut
ovat vähentyneet niin paljon, että kymmenen pyytä oksalla olisi
huippujuttu ja se yksikin olisi syytä jättää ampumatta.

*Tiens on käskymuoto verbistä tenir.*
*Ojennettaessa jotain: Ole hyvä = Tiens, sanasta sanaan pidä (kädessäsi)*
*Olkaa hyvä = Tenez, sanasta sanaan pitäkää (kädessänne)*
*Voidaan myös sanoa "voilà" eikä tarvitse miettiä, ketä voi sinutella.*

**44**

**Les tonneaux vides sont ceux
qui font le plus de bruit.**

*Tyhjät tynnyrit kolisevat eniten.*

**Qui ne dit mot consent.**

*Vaikeneminen on myöntymisen merkki.*

*consentir
[kɔ̃sãtiʀ]
= suostua, myöntyä*

**Les absents ont toujours tort.**

*Poissa olevat ovat aina väärässä.*

Poissaolija saa tyytyä läsnä olevien päätökseen.

**Il ne faut pas se fier aux apparences.**

*Ulkonäkö voi pettää.*

*se fier à qc [səfje]
= luottaa jhk*

**Un malheur n'arrive jamais seul.**

*Onnettomuus/epäonni ei tule koskaan yksin.*

*la douleur
[dulœʀ]
= tuska, kipu;
kuv. vaiva, suru, murhe*

**Les grandes douleurs sont muettes.**

*Suurin suru on sanaton.*

*muet, muette
[mɥe, mɥɛt]
= mykkä*

**45**

# À propos d'animaux...

*Eläimistä puheen ollen...*

Ranskaksi varis on une corneille, mutta **Pierre Corneille** ei ollut lintu eikä kala, vaan kuuluisa ranskalainen 1600-luvun näytelmäkirjailija. Hänen aikalaisensa, **Jean Racine**, oli myös yhtä kuuluisa näytelmäkirjailija. Hänen nimensä ei kuitenkaan ollut eläinmaailmasta, vaan kasvikunnasta: une racine on suomeksi *juuri*.

Siitäpä saakin aikaan mukavan sanaleikin (jeu de mots), jos haluaa yrittää olla henkevä (faire de l'esprit).

Tämä tarina tapahtui 90-luvulla: Suomalainen pariskunta tuli Annelin luo kylään ranskalaisen tuttavansa kanssa. Tämä ranskalainen nuorukainen näki ikkunasta variksen puussa ja totesi: Corneille. Tähän suomalainen mies vastasi: Oui, c'est pas Racine. Ranskalainen oli ilmeisesti nukkunut koulussa kirjallisuuden tunneilla tai ei muuten ymmärtänyt eläin- ja kasvikuntaa yhdistävää sanaleikkiä, sillä hän ihmetteli kommenttia. Siihen suomalainen sanoi vain: Laisse tomber (*anna olla, unohda koko juttu*)...

# Nos amis les animaux

[nozamilezanimo] = *Eläinystävämme*

Toinen meistä kirjailijoista on kissaihminen (Anneli) ja toinen koiraihminen (Taru). Me tulemme kuitenkin loistavasti toimeen, joten jatkuvaa epäsopua kuvaava sanonta olla "kuin kissa ja koira" ei sovi meihin. Ranskaksi *tullaan toimeen kuin koira ja kissa*

**s'entendre comme chien et chat**.

Koiraan liittyy Ranskassa paljon sanontoja:
Lehden hömppäosasto on nimeltään *yliajetut koirat*

**chiens écrasés**.

## Avoir un mal de chien à faire qc

tarkoittaa, että on vaikeuksia tehdä jotain.

Ennen muinoin koirista ei pidetty huolta, jos ne sairastuivat.
*Olla sairas kuin koira* tarkoittaa, että on todella kipeä

**être malade comme un chien**.

Eli *vietetään koiranelämää*, rankkaa ja huono-onnista elämää
**mener une vie de chien,**

ja kun kuollaan yksin ja hylättynä, niin *kuollaan kuin koira*
**mourir comme un chien**.

Huonoa säätä kutsutaan myös Ranskassa *koiranilmaksi*
**un temps de chien**.

Molière kirjoitti aikanaan, että jos *joku haluaa hukuttaa koiransa, niin hän väittää sen olevan vesikauhuinen*

**qui veut noyer son chien l'accuse de la rage.**

*Koiramainen luonne* tarkoittaa, että joku on häijy, helposti suuttuva

**avoir un caractère de chien.**

Toisaalta: *ei haukkuva koira pure*

**chien qui aboie ne mord pas.**

Kissatkin ovat synnyttäneet sanontoja.
Kun on muuta tekemistä, niin ranskaksi sanotaan,
että *on muita kissoja piiskattavana*

**avoir d'autres chats à fouetter.**

Sanotaan myös, että *nukkuvaa kissaa ei pidä herättää*
eli ei pidä kaivella vanhoja asioita

**il ne faut pas réveiller le chat qui dort.**

Kissahan nukkuu paljon ja liikkuu etenkin öisin,
mutta *yöllä kaikki kissat ovat harmaita*

**la nuit tous les chats sont gris.**

Kissa ei myöskään erityisemmin pidä vedestä, josta juontunee sanonta, joka vastaa suunnilleen suomen sanontaa "vahingosta viisastuu". Kuumassa vedessä tassunsa polttanut kissa pelkää myös kylmää vettä eli huonot kokemukset tekevät varovaiseksi

**chat échaudé craint l'eau froide.**

*échauder [eʃode]
= kaltata; polttaa
kuumalla vedellä*

48

Sekä kissalla että koiralla on tassut. Ranskassa lahjomisesta
käytetään sanontaa *rasvata jonkun tassu/käpälä*

## graisser la patte à quelqu'un.

Tähän sanontaan
liittyy ikävä tosiasia:
Ranskassa on
perinteisesti syöty
laulurastaita
(une grive musicienne),
joiden liha on hyvää,
sillä laulurastaalla on
monipuolinen ravinto.

Valitettavasti kissat – ja myös monet ranskalaiset –
metsästävät lintuja. Niinpä ranskassa on monia
sanontoja linnuista ja muista siivekkäistä.
"Paremman puutteessa" tai "köyhällä ei ole varaa nirsoilla"
sanotaan ranskaksi *laulurastaiden puutteessa syödään (musta)rastaita*

## faute de grives, on mange des merles.

Jollei laulurastaita
ole, voidaan
paremman
puutteessa syödä
myös mustarastaita
(un merle noir).

Vaikka söisikin vähän, kuin lintunen, *olisi linnun ruokahalu*

## avoir un appétit d'oiseau.

Ei korppi korpin silmää noki -sanonnassa samankaltaiset ihmiset,
tai henkilöt, joilla on yhteisiä etuja, pitävät toistensa puolta.
Ranskalaisessa versiossa *korpit eivät puhkaise toisten korppien silmiä*

## les corbeaux ne crèvent pas les yeux aux corbeaux.

Kun suomalainen panee päänsä pensaaseen eli sulkee silmänsä
todellisuudelta tai välttelee vastuuta, niin ranskalainen
*harjoittaa strutsin politiikkaa*

## pratiquer la politique de l'autruche [otRyʃ].

Suomessa vanhaa naista voidaan joskus kutsua vanhaksi kotkaksi
tai huuhkajaksi, mutta Ranskassa lintuna on pöllö

## une vieille chouette.

Adjektiivina chouette tarkoittaa "kiva".

## C'est chouette !

**Une grue**, *kurki* on sekä lintu että sitä muistuttava laite eli nostokurki. Seisoa kauan odottamassa sanotaan ranskaksi **faire le pied de grue**. Slangissa **une grue** tarkoittaa ilotyttöä.

**Un pigeon**, *kyyhkynen*, puolestaan on yksinkertainen, helposti petettävissä oleva ihminen.

Gallian kukko on yksi Ranskan symboleista, joka juontaa juurensa Rooman valtakunnan aikoihin. Latinankielinen sana **gallus** tarkoittaa näet sekä "gallialaista" että "kukkoa". Ranskalainen voi olla *ylpeä kuin kukko tunkiolla* **fier comme un coq sur son fumier**.

*la pâte* [pat] = taikina; tahna; pasta

Mukavaa ja huoletonta elämää viettävä voi olla ranskaksi kuin komea kukko. Ennen muinoin komeimmat kukot vietiin markkinoille joko kilpailuihin tai myytäviksi. Niiden sulkiin laitettiin erikoistahnaa (**pâte spéciale**), jotta ne kiiltäisivät hienosti **être comme un coq en pâte**.

Kana puolestaan rinnastetaan usein arkuuteen. Pelokas, nynny, arkajalka on ranskaksi *märkä kana* **une poule mouillée**.

Ylihuolehtivainen äiti taas on *kanaemo:* **une mère poule**.

*Kananpoika* on poliisista käytetty haukkumasana: **un poulet**.

Kun lehmät lentää eli ei koskaan sanotaan ranskaksi *kun kanoilla on hampaat* **quand les poules auront des dents**.

Sanontaa voi myös jatkaa: *ja ankoilla henkselit* **et les canards des bretelles**.

50

Ankasta tuli mieleen sanonta "on kauhean kylmä"
**il fait un froid de canard.**

Siivekäs-osastomme lähestyy loppuaan pikkuhiljaa.
"Hiljaa hyvä tulee", sanoo sananlaskukin, ja ranskaksi se kuuluu:
*pikkuhiljaa lintu rakentaa pesänsä*
**petit à petit l'oiseau fait son nid.**

Emme onneksi *polttaneet siipiämme* Ikaroksen lailla.
Kreikkalaisessa myytissähän Ikaros lensi liian lähelle aurinkoa,
ja hänen siipensä sulivat
**se brûler les ailes.**

Vaan siivetönnä en voi lentää… lauletaan laulussa. Mutta jospa
edes osaisi tanssia. Ranskassa sanotaan, että *rakkaus opettaa aasit
tanssimaan.* Se tarkoittaa, että rakkaus voi parantaa sivistymätöntä,
karkeaakin luonnetta
**l'amour apprend aux ânes à danser.**

Eläimillä kuvataan ranskassa erilaisia luonteita.
Ilkeä tyyppi on *lehmännahka:* **une peau de vache.**

Viekas, ovela ihminen taas on *hieno kärpänen:* **une fine mouche**

tai *ovela kuin apina:* **malin/maligne comme un singe.**

Panettelija on *kyykäärmeen kieli:* **une langue de vipère.**

Epämiellyttävä ihminen on *huonosti nuoltu karhu*
**un ours mal léché.**

Kun on masentunut, niin Ranskassa *omaa torakan*
**avoir le cafard.**

*Tulla vuoheksi* -ilmaisua käytetään, jos joku hermostuu
tai suuttuu helposti
**devenir chèvre.**

Voi myös olla *likinäköinen kuin myyrä*
**myope comme une taupe,**

*alaston kuin mato*
**nu(e) comme un ver**

tai hyviä *kavereita kuin siat*
**copains comme cochons.**

Suomessa heitetään helmiä sioille, Ranskassa *sioille annetaan hilloa*
**donner de la confiture aux cochons.**

Suomessa nukutaan kuin tukki, Ranskassa *nukutaan kuin murmeli*
**dormir comme une marmotte.**

Meillä routa ajaa porsaan kotiin, mutta Ranskassa
*nälkä saa suden tulemaan ulos metsästä*
**la faim chasse / fait sortir le loup du bois.**

Sananlasku "ei ole lahjahevosen suuhun katsomista"
on molemmissa maissa melkein sama; suun tilalla vain on
Ranskassa hampaat
**à cheval donné on ne regarde pas les dents.**

Suomessa voi olla "terve kuin pukki", mutta Ranskassa
pukki on vaihtunut kalaan, tuoreeseen särkeen
**frais/fraîche comme un gardon.**

Suomessa on ruuvi löysällä, kun Ranskassa *on hämähäkki katossa*

**avoir une araignée au plafond.**

Pettymykseltä välttyäkseen pitää malttaa odottaa hyvän uutisen varmistumista. "Ei pidä nuolaista ennen kuin tipahtaa" sanotaan ranskaksi *ei pidä myydä karhun taljaa ennen kuin on tappanut karhun*

**il ne faut pas vendre la peau de l'ours
avant de l'avoir tué.**

*Samaa tarkoittaa sanonta
"Il y a loin de
la coupe aux lèvres".*

"Siinä paha, missä mainitaan" sanotaan ranskaksi
*kun puhuu sudesta, näkee sen hännän*

**quand on parle du loup, on en voit la queue.**

Molemmissa maissa voi *olla kuin norsu posliinikaupassa*

**être comme un éléphant dans un magasin de
porcelaine**

tai *omistaa norsun muistin*

**avoir une mémoire d'éléphant**

tai *tarttua härkää sarvista*

**prendre le taureau par les cornes.**

Voi myös *syödä kuin sika* eli ahmia sottaisesti, ilman hyviä tapoja

**manger comme un cochon**

ja *itkeä krokotiilin kyyneleitä*, teeskennellä pahoillaan oloa

**verser/pleurer des larmes de crocodile**

tai *heittäytyä suden suuhun*

**se jeter dans la gueule du loup**

sekä *omistaa ampiaisvyötärön*

## avoir une taille de guêpe [gɛp].

Ranskassa *asetetaan kani,* kun tehdään oharit

## poser un lapin

*un chaud lapin
= kova pukki, naistenmies
(kuuma kani)*

ja *maksetaan apinarahalla,* kun petkutetaan katteettomilla
lupauksilla

## payer en monnaie de singe.

Ranskassa voi myös *laittaa jollekulle kirpun korvaan,*
kun herätetään epäluuloja

## mettre la puce à l'oreille.

*Ranskassa ei pidä ajaa takaa kahta jänistä samanaikaisesti*
eli ei pidä tavoitella kahta eri päämäärää yhtä aikaa

## il ne faut pas courir deux lièvres à la fois.

Sananlaskussa "suutari pysyköön lestissään" ei ranskaksi ole
kyse suutarista eikä lestistä, vaan ammatista ja lehmistä.
Eli jos jokainen tekisi vain sitä, minkä hallitsee, niin lehmät
tulisivat paimennettua hyvin

## chacun son métier et les vaches seront bien gardées.

Jos suutari pysyy lestissään, niin töitä ei tehdä väärässä
järjestyksessä eli *ei laiteta auraa härkien eteen*

## mettre la charrue avant/devant les bœufs.

*un métier
= ammatti*

*garder =
vartioida,
hoitaa, kaitsea*

*un cordonnier
= suutari*

# QUI VEUT VOYAGER LOIN MÉNAGE SA MONTURE

RACINE

Qui veut voyager loin ménage sa monture (Racine).

*Pitää säästellä voimiaan saavuttaakseen päämääränsä.*

ménager = käyttää säästeliäästi, säästellä;
kohdella varovasti, hellävaroen
la monture = ratsu; silmälasien sangat

"Hiljaa hyvä tulee", voidaan sanoa suomeksi.

Joutua ojasta allikkoon -sanonta johtuu ranskassa kreikkalaisesta mytologiasta.
Ranskaksi *pudotaan Kharybdiksesta Skyllaan*

## tomber de Charybde en Scylla.

Kharybdis ja Skylla olivat merihirviöitä, jotka asustivat Italian mantereen ja Sisilian välissä olevan Messinansalmen molemmin puolin. Kapeasta salmesta kulkevan laivan oli pakko kulkea jommankumman läheltä. Toisella rannalla kallioluolassa asui Skylla, jolla oli kuusi koiran päätä, joilla se nappasi ohikulkevasta laivasta kuusi merimiestä, myös Troijasta palaavan Odysseuksen miehistön kuusi jäsentä. Toisella rannalla Kharybdis taas muodosti suuren vesipyörteen, joka imaisi mukaansa koko ohikulkevan laivan.

Lintsata koulusta -sanonta on ranskaksi

## sécher l'école/les cours,

jossa käytetään verbiä kuivata, kuivua. Muste näet kuivui oppilaan mustepullossa sillä aikaa, kun hän lintsasi koulusta. Tätä sanontaa käytetään edelleen, vaikka mustepullot ovat jääneet historiaan jo vuosikymmeniä sitten.

Toinen lintsaamista tarkoittava sanonta on myös vanha:

## faire l'école buissonnière.

Tälle sanonnalle löytyy useita selityksiä.

un buisson = pensas, pensaikko

buissonnier, buissonnière = pensaikossa asuva, oleskeleva

# Demain, je me lève de bonheur

Demain, je me lève de bonheur [d(ə)mɛ̃ ʒ(ə)m(ə)lɛvdəbɔnœʀ].

Bonheur ja bonne heure äännetään samalla lailla, joten tästä saa kivan sanaleikin.

*Huomenna nousen ylös onnen kera.*

le bonheur [bɔnœʀ] = onni, onnellisuus

une heure [œʀ] = tunti

de bonne heure [d(ə)bɔnœʀ] = varhain, aikaisin aamulla

heureux [øʀø], heureuse [øʀøz] = onnellinen

demain [d(ə)mɛ̃] = huomenna

se lever [s(ə)ləve] = nousta ylös

# MIEUX VAUT ÊTRE IVRE DE BONHEUR QU'IVRE DE BONNE HEURE.

Mieux vaut être ivre de bonheur qu'ivre de bonne heure.

*Parempi olla humaltunut onnesta kuin humalassa aikaisin aamulla.*

# SUPERSTITIONS

[sypɛʀstisjɔ̃] = Taikauskoa

## Les actions qui portent bonheur

[lezaksjɔ̃kipoʀt[ə]bɔnœʀ] = Onnea tuova toiminta

### • Casser du verre blanc

Lasin rikkominen. "Sirpaleet tuovat onnea" sanotaan suomeksikin, mutta ainakaan koiranomistaja ei usko tähän ollenkaan.

*berk ! [bɛʀk] tai beurk ! [bœʀk] = yäk!*

### • Marcher dans une crotte (du pied gauche)

(Vasemmalla jalalla) lantaan astuminen.

*une crotte [kʀɔt], = lanta, sonta*

### • Voir un arc-en-ciel

Sateenkaaren näkeminen.

*Un arc-en-ciel [aʀkɑ̃sjɛl], kaari taivaalla, on siis suomeksi sateenkaari \*.*

### • Trouver un trèfle à quatre feuilles
### promet l'amour, la chance, le bonheur, la richesse.

Neliapilan löytäminen lupaa rakkautta, onnea, rikkautta.

*la chance [ʃɑ̃s] = onni, sattuma; mahdollisuus*

### • La patte de lapin garantit la chance aux joueurs.

Jäniksenkäpälä takaa pelionnen.

### • Toucher le pompon rouge du béret d'un marin
### apporte la bonne fortune pendant une journée entière.

Merimiehen lakin punaisen tupsun koskettaminen tuo hyvää onnea koko päiväksi.

*pas de chance [pɑd(ə)ʃɑ̃s] = huono tuuri, hullusti kävi*

*\*Hauska tuotemerkki on Arcancil [aʀkɑ̃sil] ("kaari ripsessä", tosin siinä en-prepositio on kirjoitettu an, mutta ne ääntyvät samoin).*

un fer
à cheval
[fɛʀaʃ(ə)val]
= rauta
hevosta
varten on
siis hevosen-
kenkä!*

**• Mettre un fer à cheval au-dessus de sa porte,
en dirigeant ses branches vers le haut,
protège la famille contre le malheur.**

Hevosenkenkä oven yläpuolella kärjet ylöspäin suojaa perhettä onnettomuudelta.

un brin de
muguet
[bʀɛ̃d(ə)mygɛ]
= kielon
kukkavarsi

un beau brin
de fille =
kurvikas tyttö,
kaunis nuori
nainen

**• Le premier mai, on offre du muguet comme
porte-bonheur. En France, il existe une tradition
selon laquelle un brin de muguet à 13 clochettes
porterait bonheur.**

Vappuna annetaan kieloja onnea tuomaan. Ranskalaisen perinteen mukaan kielon kukkavarsi, jossa on 13 kukkaa, tuo onnea.

un seul pois
[sœlpwa]
= yksi ainoa
herne

une cosse
[kɔs]= palko

avoir la cosse
= laiskotella

**• Si on trouve un seul pois ou neuf dans la même
cosse, l'avenir s'annonce radieux.**

Tulevaisuus on säteilevä, jos löytää yhden ainoan herneen tai 9 hernettä samasta palosta.

une étoile filante
[etwalfilɑ̃t] =
tähdenlento

faire un vœu
[fɛʀɛ̃vø] = toivoa
(tehdä toivomus)

**• Quand on voit une étoile filante,
il faut faire un vœu pour réaliser ses rêves.**

Tähdenlennon nähdessään pitää toivoa.

Merde !
[mɛʀd]
(käytetään
kirosanana)

**• On dit « merde » à quelqu'un
pour lui porter chance.**

Onnea toivotetaan toiselle sanomalla ”paska”.

*à-prepositiota käytetään yhdyssanoissa muun muassa ilmaisemaan tarkoitusta.
Une tasse à café = kahvikuppi (kuppi kahvia varten),
mutta une tasse de café = kupillinen kahvia.
Un fer à repasser = silitysrauta (rauta silittämistä varten).

*croiser les doigts* [kʀwazeledwa]
= *pitää peukkuja*

*majeur, -e* [maʒœʀ]
= *suurin, hyvin tärkeä*
*une force majeure* [fɔʀsmaʒœʀ]
= *ylivoimainen este*
*le majeur* = *keskisormi*

• **On croise les doigts** *(l'index et le majeur)*
*pour porter chance à quelqu'un*
*ou pour qu'un vœu se réalise.*

Onnea toivotetaan toiselle tai itselle ristimällä etu- ja keskisormi.
Ranskaksi siis ristitään sormet, suomeksi pidetään peukkuja.

*un index* [ɛ̃dɛks]
= *etusormi; viisari;*
*hakemisto*

• **Le cochon** *symbolise l'argent. « Tout est bon*
*dans le cochon ». C'est pourquoi les tirelires*
*des enfants ont souvent la forme d'un cochon.*

Sika symboloi rahaa. Ranskassa sanotaan, että siassa on kaikki
hyvää. Myös lasten säästölippaat ovat usein possun mallisia.

*un cochon* = *sika* [kɔʃɔ̃]
*cochon, -ne*
= *likainen, törkeä*

*une tirelire* [tiʀliʀ]
= *säästölipas*

• **La coccinelle** *(la bête à bon Dieu) a une aura*
*bénéfique et elle vous annonce d'heureux*
*événements. Les points noirs ornant ses ailes*
*correspondent au nombre de mois de bonheur.*
*Voir une coccinelle s'envoler annonce le beau temps.*

Leppäkertulla (taivaan isän eläin) on suotuisa aura, ja se ilmoittaa
onnellisista tapahtumista. Sen siipien mustat pisteet vastaavat
tulevia onnen kuukausia. Leppäkertun lentoonlähdön näkeminen
ennustaa kaunista säätä.

*une coccinelle*
[kɔksinɛl]
= *leppäkerttu;*
*Volkswagen*
*Kupla*
*(englanniksi*
*se on koppa-*
*kuoriainen,*
*Beetle)*

*C'est pas cochon !*
= *Ei lainkaan hullumpaa,*
*ei hassumpaa.*

*être copains comme cochons*
= *olla oikein hyviä ystäviä*
*(olla kavereita kuin siat)*

*On n'a pas gardé les cochons ensemble !*
= *Eipäs olla liian tuttavallisia!*
*(Emme ole paimentaneet sikoja yhdessä.)*

Mariage pluvieux,
mariage heureux
[maʀjaʒplyvjø
maʀjaʒøʀø]

• *On croit que le couple sera heureux si **le mariage a lieu un jour de pluie**. Dicton : « Mariage pluvieux, mariage heureux. »*

Uskotaan, että avioparista tulee onnellinen, jos häät on sateisena päivänä. Sanonta: "sateiset häät, onnellinen avioliitto."

la Chandeleur
[ʃãdlœʀ] =
kynttilänpäivä

une chandelle
[ʃãdɛl] =
kynttilä

Le jeu n'en
vaut pas
la chandelle.
= Juttu ei ole
vaivan arvoinen.

• *À la Chandeleur (le 2 février), **en faisant des crêpes il faut avoir une pièce de monnaie dans la main** (qui tient la poêle) pour qu'on soit riche pendant un an.*

Kynttilänpäivänä (2.2.) lettuja paistaessa pitää olla kolikko pannua pitävässä kädessä, jotta pysyy rikkaana vuoden.

• *Pour éviter un malheur que les paroles pourraient attirer, **il faut toucher du bois** en disant « Je touche du bois ».*

Epäonnen välttääkseen pitää koskettaa puuta sanoen "Kosketan puuta."

    Tapa lienee pakanallista perua, sillä jo persialaiset ja egyptiläiset koskettivat puuta välttyäkseen vastoinkäymiseltä. Aikoinaan puiden uskottiin olevan jumalia tai niissä ajateltiin asuvan jumalaisia olentoja. Puuta pidettiin yhteytenä tuonpuoleiseen. Toiset puolestaan väittävät tavan juontuvan siitä, että Jeesus ristiinnaulittiin puiselle ristille.

*Je touche du bois [ʒətuʃdybwa]*
*= kosketan puuta*
*(suomeksi koputetaan puuta).*

# Les actions qui portent malheur

*Huonoa onnea aiheuttava toiminta*

**• Offrir des couteaux ou des aiguilles brise l'amitié.**
**On peut éviter l'effet néfaste en offrant en même**
**temps une pièce de monnaie.**

Veitsien tai neulojen antaminen lahjaksi rikkoo ystävyyden. Haitan voi välttää antamalla samanaikaisesti kolikon.

**• Être 13 à table porte malheur, car au dernier repas**
**du Christ avec ses apôtres, les convives étaient 13.**
**(La Cène de Léonard de Vinci est une peinture murale**
**qui représente le dernier repas entre Jésus-Christ et**
**ses douze apôtres).**

13 pöydässä tuo onnettomuutta, sillä Jeesuksen viimeisellä aterialla opetuslasten kanssa heitä oli 13. (Viimeinen ehtoollinen on Leonardo da Vincin Milanon Santa Maria delle Grazien kirkkoon maalaama seinämaalaus).

**• Renverser du sel sur la table porte malheur.**
**(Judas Iscariote a renversé la salière pendant la Cène).**
**Pour conjurer le mauvais sort, il faut prendre une**
**pincée de sel et la jeter par dessus l'épaule gauche.**

Suolan kaataminen pöydälle tuo epäonnea (Juudas kaatoi suola-astian viimeisellä ehtoollisella). Pahan onnen voi manata pois heittämällä hyppysellisen suolaa vasemman olkapään yli.

porter malheur
= tuoda huonoa onnea

Le malheur des uns fait le bonheur des autres.
= Toisen epäonni on toisen onni.

**• Passer sous une échelle porte malheur.** *Une échelle posée contre un mur forme un triangle, symbole de la Sainte Trinité. Passer sous une échelle brise cette trinité et commet un sacrilège.*

Tikapuiden ali kulkeminen tuo epäonnea. Seinää vasten asetetut tikkaat muodostavat kolmion, joka on pyhän kolminaisuuden symboli. Tikkaiden ali kulkeminen rikkoo tämän kolminaisuuden ja on pyhäinhäväistys.

*une échelle*
*[eʃel]*
*= tikkaat,*
*tikapuut*

**• Croiser un chat noir** *(la nuit). Si le chat traverse la rue de gauche à droite, cela peut porter malheur. En revanche, s'il la traverse de droite à gauche, pas de danger !*

Mustan kissan kohtaaminen (yöllä). Jos kissa ylittää kadun vasemmalta oikealle, se voi tuoda epäonnea. Sitä vastoin jos kissa ylittää kadun oikealta vasemmalle, ei ole vaaraa.

**• Poser le pain à l'envers sur la table porte malheur.** *Au Moyen Âge, le jour des exécutions publiques, le boulanger réservait un pain pour le bourreau. Il posait ce pain à l'envers pour être sûr de ne pas le vendre à un autre. Tout le monde savait que ce pain était celui du bourreau, et personne n'y touchait.*

*un bourreau*
*[buʀo]*
*= pyöveli,*
*teloittaja;*
*(kuv.) julmuri*

*un bourreau*
*des cœurs*
*=sydäntensärkijä*

Leivän laittaminen ylösalaisin pöydälle tuo epäonnea. Keskiajalla leipurin piti teloituspäivänä varata leipä pyövelille. Leipuri laittoi leivän ylösalaisin, ettei vahingossa myisi sitä muille. Kaikki tiesivät, että se oli pyövelin leipä, joten kukaan ei koskenut siihen.

*un petit pain = sämpylä*
*se vendre comme des petits pains*
*= mennä kuin kuumille kiville*
*(eli hyvin kaupaksi)*

*le Moyen Âge*
*[mwajɛnaʒ] = keskiaika*

*Ääntämisvinkki:*
*nasaaliäänne*
*katoaa sidottaessa*

• **Casser un miroir** signifie sept ans de malheur. On peut conjurer le sort en jetant les morceaux du miroir dans l'eau.

Peilin rikkominen tuo seitsemän vuoden epäonnen. Pahan onnen voi manata pois heittämällä peilin sirpaleet veteen.

• **Ouvrir un parapluie à l'intérieur d'une maison** porte malheur à la personne qui l'habite.

Sateensuojan avaaminen sisällä tuo epäonnea talon asukkaalle.

• Les artistes évitent presque tous de **porter des vêtements verts** pendant un spectacle.

Melkein kaikki taiteilijat välttävät käyttämästä vihreää vaatetta näytöksissä. Tarinan mukaan Molière kuoli näyttämölle näytellessään Luulosairasta vihreässä asussa. Taikauskon syntymiseen lienee ollut muitakin syitä.

# Bonheur ou malheur

*Onnea tai onnettomuutta*

Tant qu'il y a de la vie, il y a de l'espoir.
[tãkiljad(ə)lavi iljad(ə)lɛspwaʀ]
= Niin kauan kuin on elämää, on toivoa.

• **Le vendredi 13** porte malheur aux pessimistes et bonheur aux optimistes.

13. päivä ja perjantai tuo onnettomuutta pessimisteille ja onnea optimisteille.

**L'araignée** peut porter bonheur ou malheur ; cela dépend du moment où on la voit : « Araignée du matin, chagrin. Araignée du soir, espoir. »

Hämähäkki voi tuoda joko onnea tai onnettomuutta. Se riippuu hetkestä, jolloin sen näkee: "Aamun hämähäkki, surua. Illan hämähäkki, toivoa".

le chagrin [ʃagʀɛ̃] = suru, murhe
noyer son chagrin dans l'alcool
= hukuttaa surunsa viinaan

l'espoir (mask.) [ɛspwaʀ] = toivo
il y a encore de l'espoir
= vielä on toivoa

# Vanhoja, molemmilla kielillä esiintyviä
# viisauksia/sananlaskuja

**Nécessité fait loi.** *Hätä ei lue lakia.*

*la nécessité [nesesite]
= välttämättömyys, pakko*

*la loi [lwa]
= laki, -säädös,
sääntö*

**La propre louange pue.**
*Omakehu haisee.*

*la louange
[lwãʒ]
= kiitos, ylistys,
kehuminen*

**L'argent n'a pas d'odeur.** *Raha ei haise.*

**La nuit porte conseil.**
*Aamu on iltaa viisaampi.*
Yön yli nukkuminen auttaa usein ongelman ratkaisussa.
Tästä sanonnasta on suomeksi myös toisinpäin oleva sanonta
"Ilta on aamua viisaampi", jossa viitataan ihmisiin,
pitkän iän ja kokemuksen tuomaan viisauteen.

*le conseil [kɔsej]
= neuvo, neuvonantaja;
neuvosto
Le Conseil de l'Europe =
Euroopan neuvosto*

**Autant de têtes, autant d'avis.**
*Niin monta mieltä kuin miestä.*
Jokaisella on asioista omat ajatuksensa.

**Les affaires sont les affaires.** *Bisnes on bisnestä.*
Liiketoiminnan päätavoitteena on tehdä rahaa.

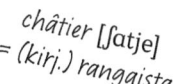
un larron [laʀɔ̃]
= rosvo; varas, voro
(vanh.)

**L'occasion fait le larron.** *Tilaisuus tekee varkaan.*

Seuraavat sananlaskut ovat raamatullista alkuperää:

### Chacun porte sa croix en ce monde.
*Jokaisen on ristinsä kannettava.*
Kaikilla on omat ongelmansa ja murheensa.

### Nul n'est prophète en son pays.
*Ei kukaan ole profeetta omalla maallaan.*
Arvostusta saa usein vasta lähipiirin ulkopuolella.

### Qui aime bien châtie bien.
*Joka vitsaa säästää, se vihaa lastaan.*
Maailma muuttuu, onneksi. Enää edes poliisikoiria ei
kouluteta rangaistuksilla vaan positiivisen vahvistamisen
menetelmillä eli palkitsemalla toivotusta käytöksestä.

châtier [ʃatje]
= (kirj.) rangaista

Suomeksi sanotaan, että "näkee rikan toisen silmässä,
muttei huomaa malkaa omassa silmässään" eli
tulee korjata omat virheensä ennen kuin arvostelee muita.
Ranskaksi vastaava sanonta kuuluu

## balayer devant sa porte

*lakaista oman ovensa edusta.*

Ranskassa *piru hakkaa vaimoaan ja naittaa tytärtään*

## le diable bat sa femme
## et marie sa fille,

kun suomeksi "aurinko paistaa ja vettä sataa".

Suomessa hieman hullusta ihmisestä voidaan leikillisesti
sanoa, että hänellä "on ruuvi löysällä", mutta Ranskassa
häneltä *puuttuu yksi lokero*

## avoir une case en moins.

Erään tarinan mukaan 1800-luvulla ajateltiin, että aivoissa
on 38 lokeroa, joista jokaisella on oma tehtävänsä.
Jos siis yksi lokero puuttui, niin ihminen oli omituinen.

Samaa tarkoittaa sanonta
"hämähäkki katossa" s. 53.

# Holoriimisäkeet

ovat säkeitä, jotka ääntyvät samalla tavalla, vaikka muodostuvat aivan eri sanoista.

Des vers holorimes sont des vers qui se prononcent exactement de la même façon, quoiqu'ils soient formés de mots différents.

Lausuttuina ne siis ovat toistensa täydelliset riimit. Esimerkkinä Jacques Prévertin säkeet:

**Dans ces bois automnaux, graves et romantiques,**

*Näissä syksyisissä metsissä, ankarissa ja romanttisissa,*

[dãsebwa(z)otɔno gʀav(z)eʀɔmãtik]

**danse et bois aux tonneaux, graves et rhums antiques.**

*tanssi ja juo tynnyreistä, Graves-alueen viiniä ja vanhoja rommeja.*

Holorime-sanan alkuosa on peräisin muinaiskreikan ὅλος [holos] *kokonainen*-sanasta. Loppuosan rime on *riimi*.

Toinen esimerkki:

**Un vieux chalet** *Vanha mökki*

[ẽvjøʃalɛ]

**Un vieux chat laid** *Vanha, ruma kissa*

# IL NE FAUT JURER DE RIEN.

Il ne faut jurer de rien.
Vannomatta paras.

# Le verlan

eli takaperinkieli muodostuu siten, että tavut käännetään toisin päin. Le verlan on nimeltäänkin takaperin. Se tulee sanonnasta

(à) l'envers = *takaperin, nurinpäin.*

Verlan on satoja vuosia vanha, mutta se kehittyy edelleen. Kirjailija ja filosofi François-Marie Arouet eli **Voltaire** käänsi sukunsa kotikunnan (**Airvault**) nimen takaperin muodostaen siitä salanimensä.

Nykytaiteilijoista belgialainen laulaja **Stromae** (Paul Van Haver) muodosti taiteilijanimensä **maestro**-sanasta takaperin.

Monissa lauluissa (chansons, slam, rap) käytetään verlania. Esi-merkiksi Renaud'n laulun **Laisse béton** nimessä viimeinen sana on verlania: **tomber → béton. Laisse tomber** tarkoittaa *anna olla, unohda koko juttu.*

Grand Corps Maladen slam Saint-Denis sisältää paljon verlania: **renoi ← noir(e), siquephy ← physique, chémar ← marcher, caillera ← racaille** = *roskaväki*). Siinä on jopa yksi tupla-verlan: **petites rebeus** (pienet arabitytöt). **Arabe** takaperin on **beur**, ja se takaperin käännettynä on **rebeu**.

**Beur** on ollut Ranskassa käytössä 80-luvun alusta lähtien. Kuuluisa ranskalainen monikulttuurinen yhtye, Zebda, leikittelee **beur**-sanan äänteellisellä samankaltaisuudella **beurre** eli *voi*-sanan kanssa, sillä voi on arabiaksi **zebda**.

Myös Pariisin kytät -elokuvan ranskankielinen nimi **Les Ripoux** on verlania. **Pourri** = *mätä, pilaantunut* → **ripou** = *lahjottu poliisi.*

merci → cimer

femme → meuf

flic (poliisi) → keuf

mère → reum

fête → teuf

C'est fou ! → C'est ouf !

père → reup

mec (kaveri) → keum

bizarre → zarbi

L'erreur est humaine.
Erehtyminen on inhimillistä.

# Traduire, c'est trahir

Italialaisen sanonnan mukaan kääntäjä on petturi: Traduttore, traditore. Sanasta sanaan se olisi ranskaksi **traducteur, traître**, mutta se kääntyy usein ilmaisulla **traduire, c'est trahir** *kääntäminen on pettämistä.*

Anneli luki kauan sitten tähän sopivan kommentin koskien jonkun kirjan ranskannosta. Kirjoittaja sanoi, että *käännös tuo hänen mieleensä naisen, jonka hän tunsi nuoruudessaan. Nainen oli kaunis mutta uskoton.*

**Cela me rappelle une femme que j'ai connue dans ma jeunesse et qui était belle mais infidèle.**

Ranskaksi käytetään sanaparia **fidèle** *uskollinen; tarkka* – **infidèle** *uskoton; epätarkka* käännöksistä.

Elisabeth Lavault on sanonut:
**« Le traducteur ne traduit pas des mots, mais un message, et pour être fidèle au sens, il faut souvent être infidèle aux mots ».**

*Kääntäjä ei käännä sanoja vaan viestin, ja ollakseen uskollinen merkitykselle pitää usein olla uskoton sanoille.*

Madame de Sévigné sanoi käännöksistä:
**« Les traductions sont des domestiques qui vont porter un message de la part de leur maître et qui disent tout le contraire de ce qu'on leur a ordonné. »**

*Käännökset ovat palvelijoita, jotka tuovat viestin isännältään kertoen täysin päinvastaista kuin mitä heidän oli käsketty sanoa.*

Ranskan sinuttelun/teitittelyn suomentaminen on joskus hankalaa. Ranskassahan teititellään yleensä tuntemattomia aikuisia ja joissakin piireissä jopa sukulaisia, etenkin iäkkäitä.

Eräässä ranskalaisessa elokuvassa mies ja nainen tapaavat illalla baarissa ja teitittelevät toisiaan. Sitten he jatkavat iltaa sängyssä rakastellen. Aamulla he sinuttelevat. Teitittelyn muuttuminen sinutteluksi kuvaa siis suhteen muuttumista. Suomalaisessa käännöksessä mies ja nainen sinuttelevat sekä illalla että aamulla.

Ranskaksi poliisia voidaan kutsua nimityksellä **un poulet** eli *kananpoika*. Elokuvassa C'est la vie – häät ranskalaiseen tapaan (Le sens de la fête) puhutaan ranskaksi linnuista ja siivekkäistä viitattaessa poliisiin. Ansiokas suomennos kertoo kasvikunnasta päätyen sinivuokkoon, jota suomessa on käytetty poliiseista.

## La barbe ! = Suu kiinni! / Ole hiljaa!

Elokuvassa Poulet au vinaigre äiti uteli pojaltaan tämän tyttöystävästä. Poika sanoi äidilleen: « **La barbe.** » Se olisi pitänyt tässä yhteydessä kääntää: *suu kiinni* tai *ole hiljaa*, vaikka **une barbe** onkin suorana käännöksenä *parta*.

## Je vais te manquer ! = Tulet kaipaamaan minua!

Elokuvassa Rakkaus kestää kolme vuotta (L'amour dure trois ans) oli hyvin tyypillinen käännösvirhe. **Je vais te manquer !** tarkoittaa *Sinä tulet kaipaamaan minua / Sinun tulee ikävä minua* eikä toisin päin, että minä kaipaisin sinua. Verbi **manquer à qn** tarkoittaa sanasta sanaan *puuttua joltakin*. **Tu me manques** on sanasta sanaan *sinä puutut minulta*, mutta se tarkoittaa *minun on ikävä sinua*.

## J'ai rendez-vous avec le professeur Rubinstein. = Minulla on aika professori Rubinsteinille.

Elokuvassa Pyöräretkellä Molièren kanssa (Alceste à Bicyclette) mies menee sairaalaan ja sanoo: « j'ai rendez-vous avec le professeur Rubinstein » eli *Minulla on aika professori Rubinsteinille*. Käännöksessä kuitenkin käytettiin **rendez-vous** -sanan toista merkitystä, tapaaminen.

## Ma cousine germaine = Serkkuni

Persepolis-animaatioelokuvassa **ma cousine germaine** oli suomennettu "Saksan serkkuni". Ranskan **cousin(e) germain(e)** tarkoittaa *täysserkkua* erotukseksi pikkuserkusta.

*ma cousine allemande,
mon cousin allemand
= saksalainen serkkuni*

## Il ne l'a pas volé. = Hän on sen hyvin ansainnut, se on oikein hänelle.

Meren hiljaisuus (Le Silence de la Mer) -tv-elokuvan tapahtumat sijoittuvat toisen maailmansodan ajan miehitettyyn Ranskaan. Eräässä kohtauksessa saksalainen sotilas hakataan, ja eräs nainen kommentoi tapahtumaa seuraavasti: « Il ne l'a pas volé, sale boche ». Suomeksi: *Se oli oikein sille natsisialle* tai *Se sakemanni-paskiainen on sen hyvin ansainnut*.

   Kääntäjä oli kääntänyt verbin **voler** sen varsinaisessa merkityk-sessä *varastaa*, ja niinpä käännös kuului: "Ei se natsisika sitä varastanut." Mitään varkautta ei kuitenkaan ollut tapahtunut.

*voler qc à qn
= varastaa jtak jklta*

# LA FIN JUSTIFIE LES MOYENS

La fin justifie les moyens.
Tarkoitus pyhittää keinot.

# Un jour sans pain = Leivätön päivä

le pain [pɛ̃]
= leipä

la peine [pɛn]
= vaiva; tuska,
kärsimys;
rangaistus

Ranskalainen kylä -draamasarjassa oli jakso nimeltään
Un jour sans pain eli *leivätön päivä*. Nimen kääntäjällä oli mennyt
sekaisin ranskan **pain** eli *leipä* ja englannin **pain** *kipu, tuska*. Jakson
nimi oli suomennettu täysin väärin: "Päivä, jona kipu hellittää".

# Tu m'en diras des nouvelles.
# = Et voi muuta kuin kehua sitä.

Opettaja ohjaimissa -televisiosarjassa oli repliikki « **Je nous ai
préparé une petite canette. Tu m'en diras des nouvelles.** » Tämä
repliikki oli suomennettu "Valmistin meille ankanpoikasta. Saat
kertoa syödessä kuulumiset". Ensimmäinen virke on ihan oikein,
mutta jälkimmäinen tarkoittaa: *Et voi muuta kuin kehua sitä.* Tätä
hyvin yleistä ruokailuun liittyvää idiomia käytetään usein, kun
maistatetaan toisella jotain ruokaa tai juomaa.

Quoi de neuf ? /
Quelles nouvelles ?
= Mitä uutta?

Donne-moi de tes nouvelles/
Donnez-moi de vos nouvelles.
= Mitä kuuluu?

Pas de nouvelles,
bonnes nouvelles.
= Ei uutisia,
hyviä uutisia.

# Privé d'école = Ilman koulua, koulua vailla

Opettaja ohjaimissa -sarjassa oli jakso, joka kertoi kotiopetuksessa
olevasta pojasta. Jakson nimi oli **Privé d'école** eli *ilman
koulua, koulua vailla*. Jakson suomalaiseksi nimeksi oli annettu
virheellisesti "Yksityiskoulu". Ranskassa sanajärjestyksellä on
väliä, merkitys voi muuttua kokonaan.

yksityiskoulu
= une école privée

## Je préfère les cochons aux impôts.
## = Pidän enemmän sioista kuin veroista.

Gérard Depardieun Eurooppa-sarjassa Depardieu kommentoi
« Je préfère des cochons aux impôts » eli *pidän enemmän sioista
kuin veroista.* Veropakolaiselle hyvin sopiva lause oli käännetty
virheellisesti "Pidän enemmän verollisesta siasta".

Préférer qc à qc tarkoittaa *pitää jostakin enemmän kuin jstk.*
Kääntäjän virhe on toisaalta ymmärrettävä, sillä à-prepositiota
käytetään määräisen artikkelin kanssa ruokasanoissa, esimerkiksi
une tarte aux pommes on *omenatorttu* ja un steak au poivre
*pippuripihvi.*

Tunneverbien jälkeen käytetään yleensä määräistä artikkelia, eli
hyvällä kielellä Depardieu olisi sanonut « Je préfère les cochons
aux impôts ».

## Des poissons fumés à froid
## = Kylmäsavustettua kalaa

Depardieun Eurooppa-sarjan toisessa jaksossa oli ruokaa koskeva
käännösvirhe. Mies sanoo « En France, on a l'habitude de
consommer des poissons fumés à froid » eli *Ranskassa on tapana
nauttia kylmäsavustettua kalaa.* Käännöksessä kuitenkin väitettiin
Ranskassa syötävän savukalaa kylmänä.

fumé(e) à froid
= kylmäsavustettu

manger du poisson fumé froid
= syödä savukalaa kylmänä

# Les cordonniers sont les plus mal chaussés.

Les cordonniers sont les plus mal chaussés.
Suutarin lapsilla ei ole kenkiä.

Ammattilaisilla tai heidän lähipiirillään ei aina
ole asiat sen paremmin kuin muillakaan.
Ranskaksi *suutareilla* itsellään *on huonoimmat kengät.*

## Mon jour de congé = Vapaapäiväni

Elokuvassa Maigret virittää ansan (Maigret tend un piège) oli käännetty omituisesti lause « C'était mon jour de congé » eli *Oli vapaapäiväni*. Elokuvan käännös kuului: "Olin ulkona syömässä".

## J'espère qu'il ne va pas crever = Toivottavasti häneltä ei puhkea kumi

Eräässä toisessa Maigret'ssä oli autoilua koskeva kommentti. « J'espère qu'il ne va pas crever » eli *Toivottavasti häneltä ei puhkea kumi* oli käännetty "Toivottavasti äijä ei kuole". Verbi **crever** tarkoittaa slangissa myös *kuolla*, mutta yleensä se tarkoittaa puhkeamista/puhkaisemista.

Oikean merkityksen olisi pitänyt käydä ilmi lauseen jatkosta « Surtout avec une roue de secours qui n'a pas le même diamètre que les autres », joka oli käännetty oikein: *Etenkin kun varapyörä on erikokoinen kuin muut.*

## Non aux filets dérivants ! = Ei ajoverkoille!

Helsingin Sanomissa oli aikoinaan kuva Greenpeacen mielenosoituksesta kalastusaluksia vastaan, joiden ajoverkkoihin jäi muun muassa delfiinejä. Ranskankielisessä kyltissä vastustettiin ajoverkkoja: **Non aux filets dérivants.** Lehdessä kyltti oli suomennettu: "Ei turhille fileille".

*un filet = filee; verkko*
*dériver = ajelehtia*

80

## Les pommes frites = Ranskalaiset perunat

Eräässä Turha joukko (Les Frustrés) -sarjakuvan albumissa **les pommes frites** eli *ranskalaiset perunat* oli käännetty "paistetut omenat". Sinänsä ymmärrettävä virhe, sillä **une pomme** = *omena*. *Peruna* puolestaan on **une pomme de terre** eli maan omena.

Nykyään ranskalaisista käytetään kylläkin lyhyempää muotoa **frites**, joka on partisiipin perfekti (feminiinin monikko) verbistä **frire** *keittää rasvassa, friteerata.* Suomessa taas ranskalaisia perunoita kutsutaan nykyisin usein ranuiksi.

*un poisson frit = friteerattu kala*

*les (pommes de terre) frites = friteeratut perunat*

## Ça c'est ma cuisine.
## = Se on minun juttuni/minun alaani.

Elämämme mies (L'homme de nos vies) -televisiosarjassa naiset kysyvät juristilta, *miten tämän selvitit:* « **Comment vous avez fait ça ?** » Johon juristi vastaa: « **Ça c'est ma cuisine** ». Lauseessa ei kuitenkaan tarkoitettu **cuisine**-sanan ensimmäistä merkitystä *keittiö/keittotaito,* vaan merkitystä *vehkeily, juonittelu.* Käännös olisi voinut kuulua myös: *näin minä juonittelen.*

*Tämä on vähän K-18- osastoa. Aikoinaan lehtien pikkuilmoituksissa haettiin "päiväkahviseuraa" ja kyse oli tietysti oikeasti seksistä.*

## 5 à 7 (cinq à sept) = "Päiväkahvit"

Ranskalaisessa elokuvassa nainen puhui *päiväkahveista,* joka ranskaksi on **5 à 7 (cinq à sept)**. Elokuvassa ohjaaja kuvasi naisten fantasioita, ja kyseinen nainen haaveili viidestä miehestä päiväkahveilla. Kääntäjä ei ollut ymmärtänyt päiväkahvi-ilmausta, ja lukusanatkin menivät väärin. Virheellinen käännös kuului, että nainen "haluaisi rakastella 5–6 miehen kanssa".

# chacun est l'artisan de son propre bonheur.

Chacun est l'artisan de son propre bonheur.

Jokainen on oman onnensa seppä.

**artisan(e) de qc** = tekijä

**un artisan** [ᴀʀtizã], **une artisane** [ᴀʀtizan] = käsityöläinen

**un forgeron** = seppä

# Un rébus – kuva-arvoitus

Preussin kuningas Fredrik Suuri (**Frédéric le Grand**) kävi
ystävänsä Voltairen kanssa kirjeenvaihtoa, muun muassa
kuva-arvoituksien muodossa.

Kerran kuningas kutsui Voltairen luokseen Potsdamissa
sijaitsevaan Sanssoucin linnaansa seuraavalla arvoituksella:

$$\text{À 6 heures,} \quad \frac{P}{A} \text{ à } \frac{6}{100}$$

Fiksuna miehenä Voltaire ymmärsi viestin ja vastasi siihen:

$$\frac{G}{a}$$

Kutsu pitää siis tulkita näin: **À six heures, à souper à Sanssouci.**

**À souper** [asupe] ääntyy kuten **A** sous **P** (*A P:n alla*) ja
**Sanssouci** [sãsusi] ääntyy melkein kuin **cent sous six**
(*sata kuuden alla*).

Tosin **six** ääntyy yksinään [sis], ainoastaan konsonantin
edessä se ääntyy [si]. Esim. **six mille** [simil] = 6000.

Ja vastaus: **J'ai grand appétit.**

**J'ai grand** ääntyy kuten **G** grand (*iso G*)
ja **appétit** ääntyy melkein kuin **a petit** (*pieni A*).

Tosin **appétit**-sanassa on accent aigu eli é ääntyy [e], mutta
*pieni*-sanassa ei ole aksenttia, joten e ääntyy [ə] eli **petit** [p(ə)ti].
Lisäksi sanonnassa *minulla on suuri ruokahalu* sana *suuri* (**grand**)
sidotaan seuraavaan vokaalin eli koko lause ääntyy [ʒegʀãtapeti].

Linnan nimi, **Sanssouci**, on ranskaa ja se tarkoittaa *huoleton*:
**sans** = ilman, **souci** (m.) = huoli

*Un souper on nykyään
myöhäisillallinen,
joka nautitaan esim.
teatterin jälkeen.*

*Tässä merkityksessä
se ilmaantui käyttöön
vasta v. 1830.
Voltairen aikana
souper oli päivällinen.*

*À souper -sanonnassa
souper on verbi.*

# Vanhoja ranskalaisia viisauksia

## TOUTE VÉRITÉ N'EST PAS BONNE À DIRE.

*Jokaista totuutta ei ole hyvä kertoa.*
Joskus on parempi valehdella, jottei loukkaisi toista.

## LA PLUS BELLE FILLE DU MONDE NE PEUT DONNER QUE CE QU'ELLE A.

*Maailman kaunein tyttökin voi antaa vain sitä, mitä hänellä on.*
Kukaan ei voi antaa sitä, mitä hänellä ei ole.

## RIEN NE SERT DE COURIR, IL FAUT PARTIR À POINT.

*Ei kannata juosta, pitää lähteä ajoissa.*
Ennakointi on parempi kuin kiirehtiminen.

# ON A SOUVENT BESOIN D'UN PLUS PETIT QUE SOI.

*Usein tarvitsee itseään pienempää.*

Jokainen on hyödyllinen koostaan riippumatta.


# SI JEUNESSE SAVAIT, SI VIEILLESSE POUVAIT.

*Jos nuoruus (nuoret) tietäisi/osaisi, jos vanhuus (vanhat) kykenisi.*

Nuorilta puuttuu kokemusta ja vanhoilta voimia.


# LES BONS COMPTES FONT LES BONS AMIS.

*Hyvät tilit tekevät hyvät ystävät.*

Ystävyyden säilyttämiseksi ei saa jäädä velkaa ystävälleen.

# UN HOMME AVERTI EN VAUT DEUX.

*Varoitettu ihminen vastaa kahta.*

Tieto on valtaa. **Le savoir c'est le pouvoir.** On parempi saada ennakkovaroitus, jolloin osaa varautua tilanteeseen.


# ON NE PARLE PAS DE CORDE DANS LA MAISON D'UN PENDU.

*Hirtetyn talossa ei puhuta köydestä.*

Kiertää veistä haavassa eli tehdä tahditon huomautus.


# TEL EST PRIS QUI CROYAIT PRENDRE.

(Jean de La Fontaine)

*Se jää kiinni/satimeen, joka luuli ottavansa kiinni.*

Joka toiselle kuoppaa kaivaa, se itse siihen lankeaa.

# IL N'EST PIRE EAU
# QUE L'EAU QUI DORT.

*Ei ole pahempaa vettä kuin vesi, joka nukkuu.*
Viattomalta näyttäviä ihmisiä pitää varoa eniten.

# LE SORT FAIT LES PARENTS,
# LE CHOIX FAIT LES AMIS.

(Jacques Delille)

*Kohtalo tekee vanhemmat, valinta ystävät.*
Sukulaisiaan ei voi valita.

*Mieux vaut être seul
que mal accompagné.
= Parempi yksin
kuin huonossa seurassa.*

# TOUS POUR UN,
# UN POUR TOUS. [tuspurẽ ẽpurtus]

(Alexandre Dumas : Les Trois Mousquetaires)

*Kaikki yhden, yksi kaikkien puolesta.*

*"Un pour tous, tous pour un"
on Sveitsin epävirallinen motto/tunnuslause.*

**87**

Jos Ranskassa joku on tavoittamattomissa, ei anna elonmerkkiä itsestään, niin hänestä voi käyttää sanontaa *olla poissa oleva tilaaja*

# être aux abonnés absents.

Tämä sanonta juontaa juurensa kaukaisiin aikoihin, jolloin puhelinkeskus yhdisti puhelut vastaanottajalle. Jos liittymän haltija oli poissa pidemmän aikaa, hän saattoi ilmoittaa tästä keskuksen puhelinpäivystykseen (**service des abonnés absents**), jolloin keskuksenhoitaja pystyi kertomaan mahdollisille soittajille, että kyseinen henkilö ei ole tavoitettavissa. Siihen aikaan näet ei vielä ollut puhelinvastaajia.

**Abonné(e)**-sanaa käytetään myös esimerkiksi lehden tilaajista: **Je suis abonné(e) à Helsingin Sanomat.**

Puhelintermit ovat edelleen ajalta, jolloin saattoi ihan konkreettisesti iskeä luurin korvaan.

Vastata puhelimeen, *ottaa luuri koukusta* = **décrocher (le téléphone)**
Lopettaa puhelu, *laittaa luuri takaisin koukkuun* = **raccrocher**
(**le crochet** = koukku).

# Ce n'est pas demain la veille.

*Huomenna ei ole sen aatto* tarkoittaa, että jokin asia tuskin tapahtuu lähitulevaisuudessa, jos koskaan.

# Les grands esprits se rencontrent !

"Veit sanat suustani", voidaan sanoa suomeksi, kun kaksi henkilöä sanoo saman asian yhtä aikaa.

*les grands esprits = des personnes intelligentes et cultivées (qui ont une bonne culture générale) = henkevät, älykkäät, sivistyneet henkilöt*

# Méli-mélo & pêle-mêle

## Filer à l'anglaise

*häipyä englantilaisittain* eli lähteä hyvästelemättä. Tälle sanonnalle
on monta selitystä. Yksi on se, että englantilaiset käyttävät
vastaavassa sanonnassa ranskalainen-sanaa: to take French leave.

## Être plein(e) aux as

*olla täynnä ässiä* tarkoittaa olla hyvin rikas, olla rahaa kuin roskaa.
Sanonta tulee pokerista, sillä **un as** = ässä.

Suomeksi ryöstäjä sanoo "rahat tai henki",
ranskaksi sanonta kuuluu *kukkaro tai elämä*
**la bourse ou la vie.**

## Faire un carton

tarkoittaa saavuttaa jättimenestys.
Sanonta tulee pahvisesta maalitaulusta.

*un carton =
pahvi(laatikko);
maalitaulu*

## Faire un malheur

*tehdä onnettomuus*, tarkoittaa samoin suunnattoman suosion
saavuttamista, mutta sanonnalla on toinenkin merkitys:
tehdä vihastuksissaan tyhmyyksiä, järjestää kohtaus.

## Être le portrait craché de qn

*olla jonkun syljetty muotokuva*, muistuttaa paljon jotakuta,
olla aivan jonkun näköinen. Tälle sanonnalle on useita selityksiä.
Myös englannissa käytetään vastaavaa sanontaa: to be the spitting
image of sb.

Suomessa poltetaan sillat (takanaan), kun katkaistaan suhteet lopullisesti, mutta Ranskassa *sillat leikataan*

**couper les ponts.**

Suomessa haetaan kuuta taivaalta, kun pyydetään mahdottomia asioita, Ranskassa *kuu irrotetaan*

**décrocher la lune.**

*stupide [stypid], bête [bet] = tyhmä*

Sanonta *ei ole mikään ruudinkeksijä* on ranskaksikin sama

**ne pas avoir inventé la poudre.**

Samaa tarkoittaa myös sanonta *ei ole keksinyt haaleaa/kuumaa vettä*

*tiède [tjed] = haalea*

**ne pas avoir inventé l'eau tiède/chaude.**

"Olla pulassa, kiikissä" voidaan sanoa ranskaksi
*olla kauniissa lakanoissa*

**être dans de beaux draps.** Keskiajalla un drap tarkoitti vaatteita yleensä. Katumusta tai syyllisyyttä osoittaakseen piti pukeutua valkoisiin vaatteisiin, sillä valkoinen oli katumuksen väri. Sanonnassa olikin aiemmin mukana myös adjektiivi "valkoinen" **draps blancs**, mutta se on myöhemmin jäänyt pois.

*les pompes (f. mon) = kengät (arkikielessä)*

Kun ranskaksi imarrellaan, niin *kiillotetaan toisen kengät*

**cirer les pompes.**

Kun Ranskassa *soitetaan paimenpilliä,* niin valehdellaan, puhutaan puppua

**jouer du pipeau.**
Le pipeau tarkoittaa tässä houkutuspilliä, jolla houkutellaan eläimiä.

"Ei ole eilisen teeren poika", sanotaan kokeneesta henkilöstä. Ranskaksi *ei ole syntynyt viimeisestä sateesta*

## ne pas être né(e) de la dernière pluie.

## Être dans les petits papiers de qn

tarkoittaa olla jonkun suosiossa. Sanonta on peräisin 1700-luvulta. Silloin se tarkoitti poliisin ihmisistä pitämää kortistoa. Nykyisin sanontaa käytetään positiivisessa mielessä.

## Se porter comme un charme

tarkoittaa "voida hyvin, olla terve kuin pukki". Sanonnassa **charme** voi eri lähteiden mukaan tarkoittaa joko lumousta, taikavoimaa tai valkopyökkiä.

"Olla hyvin kaunis" voidaan sanoa ranskaksi

## être un canon de beauté.

**Canon** ei tarkoita tässä kanuunaa, vaan ihannetta, mallia, kanonia.

## Sans crier gare.

Tämä sanonta tarkoittaa "varoittamatta". **Gare** ei tarkoita tässä rautatieasemaa, vaan se on vanha huudahdus Varo(kaa)!

Ei epäilystäkään,

## (il n') y a pas photo.

Sanonta tulee hevoskilpailuista. Tasaväkisessä maaliintulossa tarkistetaan maalikamerakuvasta, mikä hevonen on ylittänyt maalilinjan ensimmäisenä. Ylivoimaisen voittajan kohdalla ei tarvita kuvia.

Siitä on jo pitkä aika,

## ça fait un bail.

Sanonta tulee siitä, että Ranskassa joidenkin vuokrasopimusten kestoaika voi olla jopa 99 vuotta.

*un bail [baj] = vuokrasopimus*

Se on sama asia,

## c'est kif-kif.

Sanonta tuli Ranskaan Pohjois-Afrikasta.
**Kif** tarkoittaa arabiassa *kuten, samanlainen*.

Samaa tarkoittaa sanonta

## c'est du pareil au même.

*un panneau = ansa, sadin; kilpi, kyltti*

## Tomber dans le panneau.

Tämä sanonta ei tarkoita kaatua kylttiin vaan "mennä ansaan".

*Heittää rahaa ikkunoista* tarkoittaa tuhlata rahaa

## jeter l'argent par les fenêtres.

"Leipien heitto eli vesileipien tai voileipien heitto on litteän kiven heittämistä viistosti veden pintaan siten, että kivi kimpoaa veden pinnasta ilmaan mahdollisimman moneen kertaan", kertoo Wikipedia. Lajissa järjestetään myös maailmanmestaruuskilpailut.

## Faire des ricochets.

*un ricochet [ʀikɔʃɛ] = ponnahdus, kimmoke*

*par ricochet = epäsuorasti, kiertoteitse*

## Faire faux bond

*tehdä väärä kimmahdus, ponnahdus.* Sanonta tarkoittaa "tehdä oharit", ja sen alkuperä on vanhassa pallopelissä **le jeu de paume**. Samaa tarkoittaa sanonta **poser un lapin** eli *asettaa kani* (s. 54).

*Tenniksen edeltäjässä, jeu de paume -pelissä, käytettiin tenez-huudahdusta palloa lyötäessä. Englantilaiset lainasivat sanan, mutta sen ääntäminen ja kirjoitusasu muuttuivat vähitellen muotoon tennis. 1820-luvulla sana lainattiin takaisin ranskaan tennispelin merkityksessä. Ks s. 44.*

*Tällaisia edestakaisin kulkeneita sanoja kutsutaan ranskaksi nimellä un emprunt aller-retour (meno-paluu-laina) tai un cheval de retour, joka tarkoittaa myös rikoksenuusijaa.*

Peräkanaa sanotaan ranskaksi

## à la queue leu leu [alakøløløø].

Sanonta tulee vanhasta sutta tarkoittavasta sanasta **(leu)**. Sudet liikkuvat laumassa peräkkäin, toistensa hännän perässä.

*la queue* [køø]
= *häntä*

Amerikan löytymisen jälkeen ilmaantui samaa tarkoittava sanonta *intiaanirivissä / -jonossa*

## à la file indienne.

## Le téléphone arabe.

Epävirallisista tietokanavista, kuulopuheista ja juoruista, voidaan suomeksi käyttää nimityksiä puskaradio, viidakkorumpu tai viidakkopuhelin.

**K-18**

*tai no, ei ihan
lapsille tätä eikä
siveydensipuleille*

# Majeur(e) et vacciné(e)

Monen suomalaisen henkilöpapereissa luki viime vuosisadan alkupuolella: "Rippikoulun käynyt ja rokotettu". Ranskaksi sanotaan **majeur(e) et vacciné(e)** eli *täysi-ikäinen ja rokotettu*.

## Tu veux voir ma collection d'estampes japonaises ?

*une estampe =
kupari-, puu-,
kivipiirros*

*Haluatko nähdä japanilaisten puupiirrosten kokoelmani?*, kysyi nuori mies Pariisissa kesätöissä olevalta Annelilta. Tämä tapahtui 1970-luvulla, jolloin Annelin ranskan kielen taito ei vielä ollut nykyisen tasoinen. Niinpä Anneli englannin stamp-sanaa ajatellen luuli, että kyseessä oli postimerkkikokoelma. Sen hän kuitenkin ymmärsi, että nuorella miehellä tuskin oli minkäänlaista kokoelmaa, vaan että nykyisin käytöstä poistunut sanonta tarkoitti samaa kuin *mennä ylös juomaan viimeinen lasillinen* (taka-ajatuksena kuitenkin ihan muu kuin lasillisen nauttiminen...)

*un timbre =
postimerkki*

**monter boire un dernier verre.**

## Les Anglais ont débarqué

eli *englantilaiset ovat nousseet maihin*. Sanonta tarkoittaa, että kuukautiset alkoivat. Ilmaus tuli käyttöön Napoleonin hävittyä Waterloossa v. 1815, jonka jälkeen Ranskaan tuli virtanaan englantilaisia sotilaita punaisissa univormuissaan. Pariisilaiset yhdistivät sotilaiden asun värin virtaavaan kuukautisvereen.

*les règles (f. mon.)
= kuukautiset*

## Il y a du monde au balcon

eli *parvekkeella on väkeä* tarkoittaa isorintaista naista. Sanonta on ilmeisesti peräisin 1800-luvun teatterimaailmasta, jossa parvella oli tungosta.

## S'envoyer en l'air (avec qn)

sanasta sanaan *lähettää itsensä ilmaan* tarkoittaa puhekielessä "rakastella". Pääseekö siinä seitsemänteen taivaaseen (au septième ciel)? Telle est la question. Siinäpä pulma.

*faire l'amour = rakastella*

## Prendre son pied

nauttia, saada orgasmi. Sanonta on peräisin 1800-luvun slangista, jossa pied ei tarkoittanut jalkaa, vaan määräosuutta, jonka varkaat jakoivat rikoskumppaneilleen.

**Grimper aux rideaux** *kiivetä verhoihin* tarkoittaa samaa kuin prendre son pied.

**Une fellation** on virallinen termi suukseksille. Puhekielessä käytetään ilmaisua

## tailler / faire une pipe

merkityksessä "ottaa suihin". Sanonta tulee siitä, että 1900-luvun alussa **pipe** tarkoitti myös itse käärittyä savuketta. Savukkeen kääriminen sormilla ja kostuttaminen kielellä muistutti liikkeiltään fellaatiota.

## Un matheux n'urine pas, il fait π π.

*Matematiikan opiskelija ei virtsaa, hän pissaa.*

**faire pipi** = pissata (lastenkieltä)

*Ranskalaisia huvittaa suomalaisten Kippis!, sillä se ääntyy samoin kuin kysymys Qui pisse ? = Kuka pissaa?*

*Pisse pas là = Älä pissaa siihen puolestaan ääntyy kuten Pispala.*

## Päivä on pulkassa!

Kun päivän työ on tehty, voi suomeksi sanoa, että päivä on pulkassa. Pulkka ei tässä yhteydessä tarkoita mäenlaskuvälinettä, vaan se oli puukapula, johon torpparin tai muun päivätyöläisen työpäivät merkittiin vuolemalla siihen lovi.

Ranskassa on sana **une coche** (*lovi, uurre, pykälä*) ja siitä johtuva verbi **cocher**, joka tarkoittaa tehdä *lovi; rastia, ruksata*. Sen etymologia on samantyyppinen kuin meidän pulkka-sanonnassamme, sillä myös **cocher** tarkoittaa alun perin *merkitä lovella* (marquer d'une coche). Nykyisin sitä käytetään esimerkiksi kun pyydetään laittamaan rasti ruutuun. **Cocher d'une croix la bonne réponse.**